글을
만드는
여섯 개의
물음표

글을 만드는 여섯 개의 물음표

김명임·류수연

도서
출판 박이정

"어떻게 하면 글을 잘 쓸 수 있나요?" 이것은 강의를 하면서 가장 많이 받는 질문 중 하나이다. 그리고 가장 답변하기 어려운 질문이기도 하다. 다 알고 있는 것처럼 글쓰기 란 하루아침에 이루어지는 것이 아니다. 그러나 그 때문만은 아니다. 오히려 글을 '어떻게' 잘 쓸 수 있는가가 사람에 따라서 전혀 달라질 수밖에 없기 때문이다. 게다가 글쓰기가 문장력에 의한 것이라면, 그것은 단지 열심히 공부하는 것만으로 이루어지지 않는다. 이렇게 말하고 나면 글쓰기란 결코 성취할 수 없는 목표인 것처럼 느껴진다.

그러나 조금만 시각을 바꿔보자. 글을 쓴다고 해서 모든 사람이 다 문장가가 되어야 할 필요는 없다. 타고난 문장력이 없이도 테크니컬한 글쓰기 훈련이 병행된다면 누구나 일상생활에서 쓰는 글들은 잘 쓸 수 있다. 이 책이 추구하는 바는 바로 여기에 있다. 대단한 문장가를 키우기 위함이 아니라, 대학생이나 글쓰기 능력을 필요로 하는 모든 사람들이 보다 쉽게 글쓰기 훈련을 할 수 있게 구성되어 있다.

제1부에서 제3부까지는 단어에서 출발하여 문장으로, 문장에서 단락으로, 단락에서 한 편의 글로 발전해나가는 과정을 보다 쉽게 접근할 수 있도록 구성하였다. 제1부는 글쓰기의 첫걸음으로 글쓰기를 위한 언어 규범을 배우는 장이다. 여기서는 딱딱한 문법사 항보다는 우리가 일상에서 자주 범하는 실수들이나 문법적 오류들을 구문 연습을 통해서 익혀나가도록 구성되어 있다. 제2부는 글쓰기 다지기이다. 여기서 이 책의 가장 핵심적인 내용이 나온다. 그것은 바로 '여섯 개의 물음표'이다. 이것은 여러분들이 잘 알고 있는 '육하원칙'을 의미한다. 화제에 질문을 던지고 스스로 답을 찾는 일련의 과정을 통해 글이 라는 것이 어떻게 구성되는가를 직접 경험하고, 훈련할 수 있도록 구성하였다. 제3부 글쓰기 완성하기에서는 여러 가지 글의 종류와 글의 서술 방법 등을 이론적으로 배우고, 실제로 써보는 과정을 통해 자연스럽게 글쓰기 상황에 익숙해지도록 구성하였다.

제4부 자기표현과 글쓰기에서는 앞에서 배웠던 글쓰기 과정을 복습하고 다지는 장으로 구성하였다. 우리가 일상에서 자주 써야 하는 자기소개서나 보고서와 같은 글을 어떻게 쓸 수 있는지, 어떤 내용을 담아야 하는지에 대해서 구체적으로 살펴보았다. 또한 무지로 인한 표절을 스스로 근절할 수 있도록 올바른 인용방법에 대해서도 제시하였다.

이러한 내용을 통해 필자들은 우리의 맨 처음 질문이 달라지기를 바란다. "글을 어떻게 잘 쓸 수 있나요?"가 아니라 "글을 어떻게 잘 쓸까?"가 되는 것이다. 전자가 타인에게 묻는 것이라면 후자는 자기 자신에게 묻는 것이다. 글을 쓰는 가장 중요한 출발점은 자기 자신이며 그 자신의 생각(아이디어)이야말로 가장 매력적인 주제가 될 수 있기 때문이다. 글쓰기도 때로는 즐거울 수 있다는 사실을 이 책을 통해 발견할 수 있기를 바란다.

저자 김명임, 류수연

차 례

제 1부

글쓰기의 첫 걸음

제1강 한국인이 모르는 한국어

"언어는 그 시대를 반영한다."는 말이 있다. 언어란 고정불변의 것이 아니라 시대에 따라 변화하는 역동적인 것이라는 의미이다. 현재 우리가 사용하고 있는 한국어, 그리고 그 언어를 기록하는 한글이라는 문자 역시 시대의 변화 속에서 변화해 왔음이 분명하다. 더구나 세계사 속에서 유난히 굴곡이 많았던 우리의 경우, 한국어와 한글은 끊임없이 시대를 반영하며 그 어떤 언어보다 많은 변화를 겪어왔던 것이 사실이다.

이렇게 변화하고 성장하고, 때로는 소멸하기까지 하는 언어의 규범을 배우는 것은 무슨 의미가 있을까? 그것은 마찬가지로 "언어는 그 시대를 반영한다."는 말로부터 출발해야 한다. 언어는 동시대인의 정신세계를 연결시키는 가장 확실한 매개체이기에 언어의 규범을 배운다는 것은 동시대와 소통하기 위한 기본을 갖추는 것이다. 더구나 이제 언어 규범은 단순한 의사전달뿐만 아니라 그 사람의 세계관과 지적 수준을 가늠케 하는 척도가 된다는 점에서 더욱 중요한 의미를 가진다.

따라서 올바른 단어, 문장을 만드는 것은 우리의 언어생활에서 중요한 의미를 가질 수밖에 없다. 물론 규범적으로 올바른 문장이 반드시 좋은 문장이라고 말하기는 어렵다. 그러나 규범적으로 올바른 문장을 쓸 줄 모르는 사람은 결코 좋은 문장을 쓸 수 없다는 점에서 언어의 규범을 아는 것은 글쓰기의 가장 중요한 출발점이라 할 수 있다. 여기서는 우리가 너무나 잘 알고 있기 때문에 간과하기 쉬운 한국어의 여러 규범적 요소들에 대해 공부하고자 한다.

1. 주격조사와 주제격 조사

한국어의 특징 중의 하나는 행동의 주체인 주어를 알리기보다는 설명의 대상인 주제어가 중요하게 사용된다는 점이다. 주제어는 한국어에만 있는 특징적인 요소이기 때문에 다른 나라 사람들은 배울 때 많은 어려움을 겪는다. 한국인조차도 익숙하게 사용하지만, 그 차이를 말하라고 하면 잘 구분하지 못하는 것이 사실이다. 흔히 주격조사 〈이/가〉와 주제격조사 〈은/는〉을 혼동해서 사용하고 있기 때문이다. 주어는 문장의 성분이며 주제어는 문장 첫머리에서 그 문장이 서술하는 중심 어휘이다. 따라서 주어, 목적어, 부사어도 주제어가 될 수 있다.

먼저, 주격조사 '이/가'가 어떻게 사용되는지 살펴보자. 주격조사를 사용할 때는 그 주어에 모든 설명이 해당 문장 안에서 끝나야 한다. 그러므로 다음과 같은 발화상황을 들 수 있다.

> 예 누가 갈 거니?
> 내가 갈 거야.

반면 주제격 조사 '은/는'이 사용될 때는 조금 다르다. 마찬가지로 주어를 표시해주지만, 그 주어는 한 문장의 주어이면서 동시에 그 다음에 나올 내용의 주제가 된다. 그러므로 다음과 같은 발화상황을 상상할 수 있다.

> 예 나는 간다. 어디로? 학교로 간다.

차이가 좀 명확하게 보이는가? 이를 극단적으로 대비하자면 다음과 같이 표현할 수 있다.

> 예 네가 간다.
> 너는 간다.

위의 두 문장은 문법 구조상은 동일한 문형이다. 그러나 거기에는 미묘한 뉘앙스의 차이가 있다. 앞의 문장이 어떤 질문의 답인 것 같은 느낌을 준다면, 뒤의 문장은 그 다음 어떤 질문을 이끌어내는 역할을 하기 때문이다. 이것이 바로 주격조사와 주제격 조사를 구분하는 결정적인 차이이다.

> **문제** ① 오늘날 인간(　) 직면하고 있는 문제(　　) 환경을 어떻게 보호하는가 하는 점이다.
>
> ② 지구(　) 둥글다는 것(　　) 잘 알려진 사실이다.

2. 주어와 서술어의 호응

주어와 주제어를 명확하게 이해했다면 다음으로 가장 중요한 것은 주어와 서술어의 호응이다. 흔히 "한국말은 끝까지 들어야 한다."라고 말한다. 그것은 서술어의 중요성과 그것과 호응되는 주어와의 관계에 주목해야 함을 지적하는 것이다. 문장의 가장 기본적인 호응관계는 주어와 서술어의 일치이다. 문장이 복문이 되어 길어지면 다른 문장성분과의 호응관계도 유의해서 살펴보아야 한다.

1) 주어의 누락

문장이 길어질 때 가장 유의해야 하는 것은 주어가 누락되는 경우이다. 주어가 누락되면 서술어의 주체를 알 수 없으므로, 전체적으로 의미가 전달되지 않는다. 되도록 단문으로 짧게 쓰는 것이 가장 좋지만, 너무 단문이 반복되면 논리적이지 못한 느낌을 줄 수 있으므로 적절한 복문의 사용은 중요하다. 복문을 쓸 때는 서술어의 주어가 정확하게 표현되었는지 꼭 확인하도록 한다.

인터넷이 우리 사회의 지배적인 미디어로 부각되고 있음에도 불구하고 그것의 영향력을 연구하는 기관이 많지 않다는 점이다.
⇨ 문제는 인터넷이 우리 사회의 지배적인 미디어로 부각되고 있음에도 불구하고 그것의 영향력을 연구하는 기관이 많지 않다는 점이다.

2) 서술어의 누락

주어만 누락되는 것이 아니다. 문장이 길어지면 종종 서술어가 누락되는 경우도 많다.

우리가 문제로 삼는 것은 교내폭력 사건에 학교가 신속히 조치를 취하지 않았다.
⇨ 우리가 문제로 삼는 것은 교내폭력 사건에 학교가 신속히 조치를 취하지 않았다는 점이다.

여기서 또 한 가지 주의해야 할 것이 있다. 앞에서 '것'이 사용되었을 때는 뒤에서는 반복하지 말고 '점'으로 바꾸어 쓰는 편이 더 좋다는 것을 기억하자.

3) 주어와 서술어의 불일치

흔히 범하는 문법적 오류 중 하나가 주어와 서술어가 서로 호응되지 않는 경우이다. 다음 예문을 통해 익혀 보자.

내 목표는 우리 팀에서 가장 높은 판매 실적을 올리려고 한다.
⇨ 내 목표는 우리 팀에서 가장 높은 판매 실적을 올리겠다는 것이다.

문제 ① 한 가지 더 첨가하고자 하는 것은 용비어천가와 같은 귀중한 책이 세종 27년에 이미 완성되었음을 보아서도 가히 알 수가 있다.
⇨

② 입학처에서 문제로 삼는 것은 수시반영기준이 명확하게 제시되지 않았다.
⇨

3. 기타 성분과의 호응

문장이 길어지면 주어와 서술어뿐만 아니라, 기타 성분의 호응도 제대로 이루어지지 않는 경우가 많다.

1) 목적어와 서술어의 호응

주어와 서술어의 호응만을 주의하다 보면 종종 목적어와 서술어의 호응이 잘 이루어지지 않는 경우가 많아 주의를 요한다. 특히 여러 가지 요소를 나열하는 경우 이런 실수가 자주 나타난다.

> 글을 잘 쓰려면 신문과 TV 뉴스를 열심히 시청해야 한다.
> ⇨ 글을 잘 쓰려면 신문을 자주 읽고, TV 뉴스를 열심히 시청해야 한다.

> 문제 ① 에이즈 환자와는 식사나 술도 같이 마셔서는 안 된다는 편견이 쉽게 해소되지 않고 있다.
> ⇨
>
> ② 축구를 차다.
> ⇨

2) 구조어와의 호응

문장의 구조어들 간의 호응도 어색한 경우가 많다. 주로 부사어나 관형어가 서술어와 호응되지 않는 경우가 많다.

> 과연 그 사람은 훌륭하지 않구나!
> ⇨ 과연 그 사람은 훌륭하구나!
>   역시 그 사람은 훌륭하지 않구나!

여기서 '과연'은 '알고 보니 정말로'의 의미로 사용되고 있다. 이는 이미 들은 이야기나 알려진 내용이 사실로 확인될 때 쓰인다. 따라서 뒤에는 관습적으로 긍정적인 의미를 가진 서술어가 나와야 한다. 뒤를 고칠 수 없다면 앞의 부사어를 고쳐야 한다.

문제 ① 비록 그는 가난하면서 행복하게 살았다.
    ⇨

② 나는 절대로 그 사람하고 결혼한다.
    ⇨

---

3) 높임과 시제의 호응

높임이나 시제의 호응이 적절하지 않은 경우도 흔하다. 특히 요즘은 높임법이 많이 해체된 상태라서 더욱 그러한 문제가 많이 발생한다. 먼저 높임법을 보자.

> 제 할아버지가 서울에 있으십니다.
> ⇨ 제 할아버지가 서울에 계십니다.

우리가 일상에서 범하기 쉬운 문법적 오류이다. 할아버지는 손위 사람이므로 서술어도 적절한 높임법을 사용해야 한다. 다음 시제 호응 문제도 살펴보자.

> 그녀는 요즘 어린 시절의 순수함을 잃어가는 것 같아 슬퍼지는 때가 있었다.
> ⇨ 그녀는 요즘 어린 시절의 순수함을 잃어가는 것 같아 슬퍼지는 때가 있다.

'요즘'이라는 부사어가 현재시제를 필요로 하기 때문에 뒤의 서술어도 '있다'가 되어야 한다.

문제 ① 영희야, 선생님께서 교무실로 오시란다.
　　⇨

② 어제 있는 사건을 생각하니 눈앞이 막막했다.
　　⇨

4) 그 외의 호응

그 외에 발생되는 문제점들을 살펴보자. 먼저 다음은 전혀 상관없는 내용을 연결시켜 문장이 어색해진 경우이다.

형은 모범생이지만 동생은 떡을 좋아한다.
⇨ 형은 모범생이지만 동생은 말썽꾸러기이다.
　 형은 빵을 좋아하지만 동생은 떡을 좋아한다.

형이 모범생이라는 내용과 동생이 떡을 좋아한다는 내용 사이에는 그 어떤 연결고리도 대비점도 없다. 이렇게 전혀 상관없는 내용을 연결시키면 도대체 무엇을 말하고자 하는 것인지 알 수가 없게 된다. 문장은 단지 연결되는 것이 아니라, 꼭 연결되어야만 하는 이유가 있기 때문에 연결되는 것임을 기억하자.

문제 ① 우리가 왜 그를 도와주어야 하는 이유를 밝혔다.
　　⇨

4. 올바른 표현법

1) 올바른 단어의 사용

상황에 맞는 올바른 단어를 사용하는 것도 굉장히 중요하다. 우리는 종종 단어의 올바른 뜻을 알지 못해서 엉뚱하게 단어를 사용하는 경우가 많다.

> 이번 조치로 적지 않은 사람이 혜택을 입게 될 전망이다.
> ⇨ 이번 조치로 적지 않은 사람이 혜택을 누리게 될 전망이다.

'혜택'은 누리는 것이고, '피해'는 입는 것이다. 이처럼 사소한 차이이긴 하지만 글 전체의 문맥은 전혀 달라질 수 있음을 기억하자. 다음 문제를 보고 단어에 맞는 적절한 표현으로 고쳐보자.

문제　① 국제사회에서 우리나라의 위상을 올려야 한다.

　　　　　⇨

　　　　② 신제품 개발을 완료하고 지난달부터 본격 생산을 시작했다.

　　　　　⇨

　　　　③ 로또에 당첨될 확률은 교통사고로 사망할 확률보다 적다.

　　　　　⇨

---

2) 정확한 조사의 사용

조사에는 문법적 관계를 표시해 주는 격조사와 단어와 단어를 연결해 주는 접속조사, 그리고 단어의 구체적인 의미를 전달하는 보조사 등이 있다. 조사는 사소한 것 같지만, 해당 단어의 문법적 격을 결정지어 주는 것이므로 정확하게 표현해야만 의미의 혼동이 없다. 또한 조사를 잘못 사용하면 문장의 뉘앙스가 살아나지 않으므로 적절한 조사를 사용하는 것은 굉장히 중요하다.

> 그는 공부를 잘했지만 운동에는 소질이 없었다.
>
> ⇨ 그는 공부는 잘했지만 운동에는 소질이 없었다.
>
> 　그는 공부를 잘했고 운동에도 소질이 있었다.

　　예문의 문장은 두 문장을 연결시킨 복문이다. 이때 앞의 내용과 뒤의 내용은 서로 상반된 것이다. 이런 경우 조사를 잘못 사용하면 내용의 의미가 반감될 수 있으니 주의를 요한다. 그러나 조사의 경우는 그렇게 많이 고민할 필요는 없다. 한국인들은 한국어가 모국어이므로 자연스럽게 한국어의 문법체계가 입말에 배여 있다. 글을 쓸 때는 자주 틀리지만, 말을 할 때는 거의 틀리지 않는 것이다. 따라서 조사를 보다 정확하게 사용하고 싶다면 문장을 다 쓴 후 꼭 소리 내어 읽어보자. 그러면 어색한 부분을 보다 쉽게 발견할 수 있다. 이제 다음 문제를 통해서 적절하게 조사를 사용하는 방법을 좀 더 공부해보자.

> **문제** 1 공부를 잘했지만 다른 면에서도 훌륭한 리더십을 발휘했다.
> 　　　　⇨
>
> 　　　 2 그녀와 헤어진다는 것은 생각할 수가 없는 일이다.
> 　　　　⇨
>
> 　　　 3 막내도 유학가고 나니 몹시 허전하다.
> 　　　　⇨

3) 불필요한 피동과 모호한 수식

　　문장에서 가장 조심해야 할 것이 불필요한 피동표현이다. 충분히 능동으로 표현될 수 있는 문장을 어색한 피동으로 나타내는 경우가 많다. 한국어 문장을 영어식으로 표현하는 것이다. 그리고 수식어와 꾸밈을 받는 말인 피수식어는 서로 가까이 붙여 쓰는 것이 좋다. 수식어와 피수식어가 떨어져 있으면 문장은 더욱 모호해지기 때문이다.

> 안전면도기를 사용하여 피부가 다치지 않도록 하십시오.
> ⇨ 피부가 다치지 않도록 안전면도기를 사용하십시오.

> <code>문제</code> ① 일본정부는 이번 후쿠시마 원전사고로 인한 현재까지의 인명 피해를 2만 5천여 명으로
> 집계되고 있으나 앞으로 더욱 증가할 것으로 보인다.
> ⇨
>
> ② 진정한 삶의 의미를 아는 대학생이라면 새로운 일에 도전하는 것을 망설이지 말아야
> 한다.
> ⇨

4) 구어적 표현과 중복표현

오늘날 우리는 과거와 같이 완벽하게 구어와 문어를 구분하여 사용하지 않는다. 그러나 여전히 말을 하는 것과 글을 쓰는 것에는 조금 차이가 있다. 특히 구어에서 주로 사용되는 비속어 등을 글에 쓰면 훨씬 어감이 강해지므로 주의할 필요가 있다.

> 속독이 학습에 효과가 없다고 하는 주장은 헛소리일 뿐이다.
> ⇨ 속독이 학습에 효과가 없다고 하는 주장은 근거 없는 말일 뿐이다.

한 문장 안에서 동일한 표현이 반복되는 것도 바람직하지 않다. 반복을 피하기 위해서는 적절한 지시어를 사용하거나 유의어를 적극적으로 활용할 필요가 있다.

> 수업시간에 배운 것은 수업시간에 다 이해하고 넘어가야 한다.
> ⇨ 수업시간에 배운 것은 그 시간에 다 이해하고 넘어가야 한다.

문제 ① 그는 뭐든지 짱 잘해요.

　　⇨

② 불황의 장기화로 불황을 극복하기 위한 기업들의 생존 마케팅이 점입가경이다.

　　⇨

제2강 틀리기 쉬운 표현들

2강에서는 우리가 틀리기 쉬운 표현들을 정리해 보았다. 앞에서 배운 문법 사항들과 연결되는 것도 있지만, 상황별로 구분해두었기 때문에 좀 더 이해하기 편리할 것이라고 생각한다.

1. 문법적 요소

1) -습니다/-음

이 형태에서 오류가 자주 나타나는 이유는 기성세대와 신세대가 배운 문법체계가 다르기 때문이다. 맞춤법 규정의 정리 과정에서 일정 기간 동안 '읍니다/습니다'를 동시에 사용해왔던 세대가 특히 이 부분을 자주 혼동하고는 한다. 최근에는 '습니다'로의 통일이 잘 이루어졌는데, 이 때문에 오히려 명사형일 때 '-음'으로 바뀌는 것을 혼동하여 '-슴'으로 사용하는 경우가 많아 주의를 요한다. 서술형인 '-습니다'는 명사형으로는 '-음'임을 기억하자.

> 음식을 먹습니다. (서술형)
> 음식을 먹음 (명사형)

2) –든지 / –던지

우리가 일상에서 정말 많이 범하는 실수가 '-든지/-던지'이다. 이 두 표현은 어찌나 오류 표현이 많은지 필자들조차도 학생들의 글을 많이 읽다 보면 헷갈리는 경우가 많다. '-든지'는 선택의 무관함을 나타내고, '-던지'는 과거의 행위를 말할 때 사용한다는 것을 꼭 기억하자.

> 어젯밤에 얼마나 술을 많이 마셨던지 아무 기억도 안 난다.(과거)
> 가든지 말든지 맘대로 해.(선택)

3) –(으)로서 / –(으)로써

형태적으로 유사한 두 격조사 '-(으)로서/-(으)로써'도 자주 혼용되어 쓰인다. '-(으)로서'는 지위나 신분 또는 자격을 나타내는 격조사이고, '-(으)로써'는 어떤 일의 수단이나 도구를 나타내는 격조사이다. 따라서 형태가 유사하다고 해서 그 쓰임이 동일하지 않으므로 주의해서 사용해야 한다.

> 입학을 앞두고 신입생으로서 각오를 다졌다.
> 그들은 서로에 대한 믿음으로써 어려움을 극복하였다.

문제 ① 웹 디자이너나 엔지니어(   ) 수년간 경력을 쌓고 전문 교육을 이수함
(   ) 비로소 프로젝트 매니저(   )의 업무를 맡을 수 있었다.

4) –는지 / –런지(른지)

이것은 잘못된 표현을 혼용해서 사용하는 경우이다. 우리 한국어에는 '-런지'나 '-른지'라는 표현은 없다. 이는 모두 '-는지'를 잘못 쓰는 경우이다. 그러니 꼭 기억해두자.

> 서울에 언제 갈런지 모르겠다.
> ⇨ 서울에 언제 갈는지 모르겠다.

2. 단어의 의미

문법적 오류는 문법을 정확하게 알면 고쳐지겠지만, 단어에 따른 오류는 각각의 단어의 의미를 제대로 알아야만 올바르게 사용할 수 있다. 대수롭지 않게 여기지 말고 꼼꼼하게 확인하고 어휘력을 늘려야만 바르게 사용할 수 있다. 영어 단어는 조금만 틀려도 부끄러워하고 열심히 외우면서 모국어인 한국어 단어를 잘못 사용하는 것은 부끄러워하지 않는 것이 우리의 현실이다. 모국어의 올바른 사용은 모든 언어생활의 기초임을 잊지 말자.

1) 가르치다 /가리키다

그냥 단어를 놓고 보면 전혀 혼동되지 않는 이 두 단어를 일상생활 속에서는 너무나 자주 혼용해서 쓴다. 발화습관이 그러다 보니 글을 쓸 때도 자주 틀리게 된다. 조금만 주의하면 어렵지 않게 고칠 수 있는 부분이니 신경을 쓰도록 하자.

> 가르치다 : 지식이나 기술·이치 등을 깨닫게 할 때 쓰는 말
> 가리키다 : 손가락 등으로 어떤 방향이나 대상을 집어 나타내 보이거나 강조할 때 쓰는 말

두 단어의 사전적 의미에 주의하며 다음 문제를 풀어보자.

문제 ① 선생님은 아이들에게 어려움 속에서도 참된 길을 가라고 (   ).

② 아현이가 창밖을 (   ) 말하였다.

2) 조리다 / 졸이다

주변을 보면 마음을 졸이다 못해 '마음을 조리는 사람'이 너무 많은 것 같다. 마음을 졸이는 것은 올바른 표현이지만, 마음을 조리는 것은 옳지 못한 표현이다. 형체가 없는 마음을 어떻게 조릴 수가 있겠는가? 따라서 두 단어의 사전적 의미를 참고하여 올바르게 사용할 수 있도록 노력하자.

조리다 : 양념을 해 바짝 끓이다.
졸이다 : 속을 태우다시피 초조해 하다. / 국물이 줄어들게 하다.

문제 ① 죄지은 사람은 항상 마음을 (   ) 마련이다.

② 오늘은 특별한 고기를 (   ) 반찬을 만들 생각이다.

3) 참석 / 참가 / 참여

'참석/참가/참여'도 행사의 규모나 개입하는 성격에 따라 차이가 있다. 단어의 사전적 의미를 참고하여 올바르게 사용하도록 하자.

참석 : 비교적 작은 규모의 모임이나 회의에 함께 해 자리를 차지하는 것.
참가 : 행사나 대회 등 규모가 큰 모임에 함께 해 자리를 차지하는 것.
참여 : 어떤 일에 끼어들어 관계하는 것으로, 추상적인 형태의 활동까지 포함한다.

문제 ① 이번 행사에는 세계 20개국에서 온 300여 명의 예술가가 (   )했다.

4) 배상 / 보상

우리는 종종 불법적 행위에 따른 손해와 합법적 행위에 따른 손해를 동일한 맥락에서 생각하는 경우가 많다. '배상'과 '보상'의 혼동은 여기에서 기인한다. 그 사전적 의미를 살펴보자.

> 배상(賠償) : 불법행위로 인해 발생한 손해를 물어 주는 것
> 보상(補償) : 적법행위로 인한 손실을 물어주는 것

문제 ① 도로나 철도 교량 등의 시설물 때문에 인근 농지나 가옥 등에서 피해를 입었을 경우, 어떻게 (   ) 할 것인가?

5) 한참 / 한창

비슷한 형태 때문에 전혀 다른 단어를 혼동하여 사용하는 경우는 너무나 많다. '한참' 과 '한창'도 이와 유사한 경우이다.

> 한참 : 시간이 상당히 지나는 동안
> 한창 : 가장 왕성하거나 무르익은 때

문제 ① 마흔이 (   ) 넘도록 연애 한 번 못 해본 그가 선배로부터 여자를 소개받아 요즘 (   ) 연애 중이다.

6) 다르다 / 틀리다

형태 때문에만 오류가 생기는 것은 아니다. 의미가 유사하기 때문에 혼동해서 사용하는 경우도 많다. '다르다'와 '틀리다'는 그 대표적인 예이다.

> 다르다 : 서로 같지 않다.
> 틀리다 : 그릇되거나 잘못되다. 반대말은 맞다와 옳다.

> 문제 ① 너와 나는 생각이 (   )
> ② 피부색이 틀리다는 것은 참 괴로운 일이다.
> ⇨

7) 붙이다 / 부치다

한국어는 표음문자이다. 그러나 동시에 어법에 맞게 표기함을 원칙으로 한다. 바로 이 때문에 종종 문장을 쓸 때 오류가 나타나기도 한다. 문법적 표기는 다르지만 종종 소리 나는 대로 쓰면 형태가 동일해지는 단어들이 있기 때문이다. 중·고등학교 시절부터 귀에 못이 박히도록 배워왔던 '붙이다'와 '부치다'가 그것이다.

> 붙이다 : 떨어지지 않게 하다, 관계를 맺게 하다. 말을 걸다, 뺨을 때리다.
> 부치다 : 힘이 미치지 못하다. 편지나 물건을 보내다.
>   의논 대상으로 내놓다. 논밭을 다루다.

> 문제 ① 새 정권은 기득권 계층의 반발에도 불구하고 중요 사안을 국민투표에 (   ) 등 개혁
>   정책을 밀어(   ).

8) 주인공 / 장본인

비슷한 뜻이지만 그것이 쓰이는 상황이 전혀 다른 단어들이 있다. '주인공'과 '장본인'도 그 대표적인 예이다.

> 주인공 : 어떤 일이나 분야, 단체 등에서 중심이 되거나 주도적인 역할을 하는 인물
> 장본인 : 어떤 일을 빚어낸 바로 그 사람. 주로 바람직하지 못한 일을 한 데에 쓰인다.

사전적인 의미를 확인해 보면 두 단어 사이의 차이가 명확해진다. 주인공은 긍정적인 의미이나 장본인은 부정적인 의미로 쓰임을 알 수 있다.

> 문제 ① 우리 부서의 김 대리가 올해 최고의 실적을 올린 행운의 (   )이다.
>
> ② 내가 그럴 줄 알았어. 걔가 그 스캔들의 (   )이었다니까.

9) 갑절 / 곱절

갑절과 곱절 역시 의미의 차이가 있다. 3배수 이상부터는 '곱절'을 써야 올바른 표기가 된다.

> 갑절 : 어떤 수나 양을 두 번 합친 것 = 두 곱절
> 곱절 : 같은 수나 양을 여러 번 합친 것

> 문제 ① 적어도 세 (   )은 쳐줘야 일을 시작할 수 있어.

10) 곤욕 / 곤혹

　　한자어를 잘 몰라서 단어를 잘못 사용하는 경우도 많다. 한자의 의미가 완전히 다름에도 불구하고 한글로 써 놓았을 때 비슷한 형태를 지녔다는 이유로 혼동되어 사용되는 단어들이 많다. '곤욕'과 '곤혹'이 대표적이다.

> 곤욕(困辱) : 심한 모욕 ⑩곤욕을 치르다 / 곤욕을 겪다.
> 곤혹(困惑) : 곤란한 일을 당해 어찌할 바를 모르는 것

> **문제** ① 탑스타 A씨는 그 스캔들로 인해 (　　)을 겪었다.
> ② 고액 세금미납자들의 '배째라'식 행태가 검찰을 (　　)스럽게 만들고 있다.

11) 작다 / 적다

　　수량을 나타내는 말을 혼동해서 사용하는 경우도 많다. '작다'와 '적다'가 대표적인 예이다.

> 적다 : 분량·수효 등 양과 관계된 것. '많다'의 반대말
> 작다 : 길이·부피·규모 등 크기와 관계된 것. '크다'의 반대말

> **문제** ① 누군가에게 도움이 되는 일이라면 그것이 아무리 (　　　) 것이라 해도 큰 업적이
> 될 수 있다.

12) 빠르다 / 이르다

　　'빠르다'와 '이르다'도 의미의 유사성 때문에 종종 혼동되어 사용한다. 다음의 의미를 잘 살펴보고 올바르게 사용하자.

> 빠르다 : 어떤 동작을 하는 데 걸리는 시간이 짧다. 속도와 관계가 있다.
> 이르다 : 계획된 때보다 앞서 있다. 시기와 관계가 있다.

> 문제 ① 본격적인 실적 회복은 (   ) 하반기부터 가능할 전망이지만 2분기부터는 회복
> 속도가 점차 (   ) 것으로 보인다.

13) 빌다 / 빌리다.

형태의 유사성 때문에 혼동되는 또 다른 단어로 '빌다'와 '빌리다'가 있다. 두 단어의 의미는 완전히 다르기 때문에 주의해서 사용해야 한다.

> 빌다 : 바라는 것을 이루게 해 달라고 간청하다. ㉠소원을 빌다.
>   잘못을 꾸짖거나 벌하지 않고 덮어 달라고 호소하다. ㉠용서를 빌다.
> 빌리다 : 물건ㆍ돈 등을 나중에 돌려주기로 하고 얼마 동안 쓰거나 , 일정한 형식 또는 남의
>   말 등을 취해 따르다.

> 문제 ① 이 자리를 (   ) 도와주신 모든 분께 감사드립니다.

14) 결단 / 결딴

한자어와 고유어를 구별하지 못해서 발생하는 오류도 있다. '결단'과 '결딴'은 비슷한 형태를 지녔고 발음이 동일해서 종종 혼동되어 사용되지만 그 의미는 완전히 다르다는 사실을 기억하자.

> 결단(決斷) : 결정적인 판단이나 단정을 의미하는 한자어.
> 결딴 : 아주 망가져 도무지 손을 쓸 수 없는 상태를 뜻하는 순 우리말.

문제 ① 정부가 빨리 ( )을 내리지 않으면 우리 경제가 ( )나게 생겼다.

15) 맞추다 / 맞히다

'맞추다'와 '맞히다'도 형태의 유사성 때문에 혼동되어 사용되고는 한다. 그러나 분명한 의미 차이가 있으므로 구분해서 사용해야 한다.

> 맞추다 : 서로 떨어져 있는 부분을 제자리에 맞게 대어 붙이거나 여러 개를 나란히 놓고 대조해
> 보는 경우
> 맞히다 : 문제·수수께끼 등의 정답을 알아낼 때 쓰인다.
> cf) 낱말 맞추기 : 빈칸에 낱말을 끼워 맞추는 것이므로 '맞추기'이다.

문제 ① 나는 열 문제 중에서 겨우 세 개만 ( ) 자존심이 무척 상했다.

16) '왠' / '웬'

우리가 일상에서 정말 자주 혼동하는 단어가 바로 '왠지'이다. '왠지'를 '웬지'로 잘못 표기하는 경우가 너무 많아서 종종 필자들조차도 인지를 못하고 넘어갈 때가 있다. 그러므로 학생들은 더욱 주의해야만 한다.

> 왠지 : 왜 그런지
> 웬 : 어찌 된, 어떤, 어느, 무슨

문제 ① ( ) 불안하다. ( )일이니?

17) '가늘다' / '얇다'

'가늘다'와 '얇다', '굵다'와 '두껍다'는 일상에서 너무나 자주 혼동되어 쓰인다. 다음 예문을 보자.

> 그 가수는 다리가 정말 얇아!
> → 그 가수는 다리가 정말 가늘어!

'가늘다'와 '굵다'는 대개 어떤 원통형 사물의 굵기를 나타낼 때 사용하는 말이다. 반면 '얇다'와 '두껍다'는 평평한 사물의 두께를 나타내는 말이다. 따라서 다리는 결코 '얇지' 않다. 다리는 '가늘다'는 사실을 잊지 말자.

tip

한국어에는 한 사물을 나타내는 두 가지 형태를 모두 표준어로 인정하는 경우가 있다. 복수 표준어가 바로 그것이다. 일상생활에서 자주 혼동하는 복수 표준어를 살펴보자.

헷갈리다/헛갈리다	꺼림하다/께름하다
가엽다/가엾다	섧다/서럽다
소고기/쇠고기	귀고리/귀걸이
귓속말/귀엣말	넝쿨/덩굴

제3강 띄어쓰기, 어렵지 않아!

한국어에서 가장 어려운 부분 중 하나는 '띄어쓰기'이다. 한국어에는 특수하게도 다른 문장 성분에 의존해서 뜻을 나타내는 '의존명사'라는 요소가 있어서 이 띄어쓰기를 더욱 혼동스럽게 만든다. 의존명사는 뜻은 다른 문장 성분에 의존하는 데 띄어쓰기만큼은 독자적이어서 반드시 '띄어 씀'을 잘 기억하자. 그리고 이러한 띄어쓰기는 일일이 문법사항을 외우는 것보다 문장 자체를 외우는 것이 더 정확하게 표현을 할 수 있는 방법이므로 TIP의 내용을 잘 기억하도록 하자.

1. '지'의 띄어쓰기

1) 시간을 나타낼 때는 '의존명사'로 띄어 쓴다.

> 그를 만난 지도 꽤 오래되었다.
> 집을 떠나온 지 어언 3년이 지났다.

2) 의문·추측을 나타내는 경우에는 어미로 붙여 쓴다.

> 그 사람이 누군지 아무도 모른다.
> 얼마나 부지런한지 세 사람 몫의 일을 해낸다.

다음 중 띄어쓰기가 틀린 것은?

① 강아지가 집을 나간 지 사흘 만에 돌아왔다.
② 아버님, 어머님께서도 안녕하신지.
③ 그 사람이 떠난 지가 십 년이다.
④ 그 사람이 왜 떠났는 지 잘 모르겠다.

tip

의존명사 '지'를 구별하기 위해서는 뒤에 '기간'을 나타내는 말이 나오는지 살펴보면 된다. '기간'을 나타내는 말이 나오면 의존명사이므로 띄어 쓴다.

2. '데'의 띄어쓰기

1) '장소·경우·일·것'의 의미를 가진 의존명사일 때 띄어 쓴다.

> 그가 사는 데는 여기서 한참 멀다.
> 그 책을 다 읽는 데 삼 일이 걸렸다.
> 그 사람이 대학원에 들어온 것은 오직 졸업장을 따는 데 목적이 있다.

2) 뒷말을 연결해 주는 연결어미일 때는 붙여 쓴다.

> 여기가 우리 고향인데 인심도 좋고 경치가 좋아.
> 날씨가 추운데 외투를 입고 나가거라.
> 저분이 그럴 분이 아니신데 이상하네.

3) 종결어미일 때도 붙여 쓴다.

> 오늘 날씨가 정말 추운데.
> 어머님이 정말 미인이신데.

문제 다음 중 띄어쓰기가 **틀린** 것은?

① 사람이 많은 데에 가지 말아라.
② 시간은 없는 데 일은 많다.
③ 이 그릇은 귀한 거라 손님 대접하는 데나 쓴다.
④ 그 사람이 정직하기는 한데 이번 일에는 적합지 않다.

---

tip

의존명사 '데'를 구분하려면 '데'의 자리에 '장소, 곳'이라는 단어를 넣어보면 된다. '장소, 곳'을 넣어서
의미가 통하면 의존명사이므로 띄어 쓴다.

3. '바'의 띄어쓰기

1) 앞에서 말한 내용 그 자체나 일 등을 나타낼 때, 앞 말에 더해 그 방법·방도, 주장,
   형편을 뜻하는 말일 때는 의존명사로 띄어 쓴다.

> 각자 맡은 바 책임을 다하라.
> 어찌할 바를 모르고 쩔쩔맨다.
> 나는 이미 뜻한 바가 있다.

2) 뒤 절에서 어떤 사실을 말하기 위해 그 사람이 있게 된 과거의 상황을 미리 제시할 때는 연결어미로 붙여 쓴다.

> 서류를 검토한바 몇 가지 문제점이 발견되었다.
> 길은 이미 정해진바 이제 그에 따를 뿐이다.

문제 다음 중 띄어쓰기가 **틀린** 것은?

① 어차피 매를 맞을바에는 먼저 맞겠다.
② 이렇게 억지 부릴 바에는 다 그만두자.
③ 그는 나와 동창인바 그를 잘 알고 있다.
④ 너의 죄가 큰바 응당 벌을 받아야 한다.

---

 tip

의존명사 '바'를 구별하기 위해서는 '바'의 자리에 '것'을 넣어보면 된다. '것'을 넣어서 의미가 통하면 의존명사 '바'이므로 띄어 쓴다. 반대로 '바'의 자리에 '~(으)므로'를 넣어서 의미가 잘 이해되면 연결어미이므로 붙여 쓴다.

4. '대로'의 띄어쓰기

1) 어떤 모양이나 상태, 할 수 있는 최대한의 뜻일 때는 의존명사로 띄어 쓴다.

> 예상했던 대로 시험 문제가 까다로웠다.
> 그 둘의 애정은 식을 대로 식었다.

2) (명사 뒤에 붙어) 앞에 오는 말에 근거하거나 달라짐이 없음을 나타내는 부사격 조사와 따로따로 구별됨을 나타내는 부사격 조사일 때는 붙여 쓴다.

> 처벌하려면 법대로 해라.
> 큰 것은 큰 것대로 따로 모아 둬라.

 다음 중 띄어쓰기가 **틀린** 것은?

① 될 수 있는 대로 빨리 와라.
② 너는 너대로 나는 나대로.
③ 있는대로 주어라.
④ 그런 대로 괜찮은 편이네.

tip

'대로'는 명사 뒤에서는 반드시 붙여 쓴다. 명사+대로는 붙여 쓴다는 것만 기억하자.

5. '밖'의 띄어쓰기

'밖'과 '밖에'는 각각 명사와 보조사임에도 불구하고 형태의 유사성 때문에 혼동되어 사용되는 경우가 많다. 주의해서 사용하도록 하자.

1) 어떤 선이나 금을 넘어선 쪽, 겉이 되는 쪽, 일정한 한도나 범위에 들지 않는 나머지 부분·일 등을 나타낼 때는 명사로 띄어 쓴다.

> 이 선 밖으로 물러나 기다리시오.
> 그녀는 기대 밖의 높은 점수를 얻었다.

2) '그것 말고는', '그것 외에는'의 뜻을 나타낼 때는 조사이므로 붙여 쓴다. 이 경우 반드시 뒤에는 부정을 나타내는 말이 따른다. 반드시 '-밖에'의 형태로 쓴다.

> 그는 공부밖에 모른다.
> 나를 알아주는 사람은 너밖에 없다.

문제 다음 중 띄어쓰기가 틀린 것은?

① 예상 밖으로 문제가 복잡해졌다.
② 가지고 있는 돈이 천 원 밖에 없었다.
③ 저기 밖을 좀 봐.
④ 내 맘엔 그녀밖에 없다.

---

tip

한정을 나타내는 보조사는 '-밖에'로 형태가 고정되어 있다. 특별한 경우를 제외하고는 '-밖에'는 보조사이므로 붙여 쓴다. 또한 보조사 '-밖에'는 항상 뒤에 부정을 나타내는 말이 따른다.

6. '만큼'의 띄어쓰기

1) 앞의 내용에 상당하는 수량이나 정도임을 나타내는 말일 때는 의존명사로 띄어 쓴다.

> 노력한 만큼 대가를 받기 마련이다.

2) 뒤에 나오는 내용의 원인이나 근거가 됨을 나타내는 말일 때도 의존명사로 띄어 쓴다.

> 어제 다그친 만큼 그의 행동도 달라져 있었다.

3) (주로 명사 뒤에 붙어) 비교 대상과 비슷한 정도나 한도임을 나타낼 때는 보조사로 붙여 쓴다.

> 운동만큼은 누구에게도 뒤지지 않는다.

문제 다음 중 띄어쓰기가 **틀린** 것은?

① 오래 준비한 만큼 좋은 결과가 있을 거야.
② 방 안은 숨소리가 들릴 만큼 고요했다.
③ 공부 만큼은 절대 포기할 수 없다.
④ 내 마음만큼은 들키지 않는다.

'만큼'은 명사 뒤에 올 때 붙여 쓴다. 명사+만큼은 붙여 쓴다는 것을 기억하자.

7. '간'의 띄어쓰기

1) 한 대상에서 다른 대상까지의 공간적인 사이나 관계를 나타낼 때는 의존명사로 띄어 쓴다.

> 서울과 부산 간 고속철을 타면 2시간 40분 걸린다.
> 나라와 나라 간에는 국경이 있다.

2) 앞에 나열된 말 가운데 어느 쪽인지를 가리지 않는다는 뜻일 때도 의존명사로 띄어 쓴다.

> 공부든지 미술이든지 간에 열심히만 해라.

3) '동안', '기간'의 뜻을 나타낼 때는 접미사로 붙여 쓴다.

이틀간 잠을 전혀 못 잤다.

 다음 중 띄어쓰기가 **틀린** 것은?

① 지난 10년 간 세월이 꿈만 같다.
② 부모 자식 간에도 예의를 지켜야 한다.
③ 수원과 인천 간 열차가 조속히 개통되기를 바란다.
④ 한 달간 일본에 단기 어학연수를 다녀올 예정이다.

tip

'간'은 공간과 공간 사이, 공간 사이의 거리를 나타낼 때 띄어 쓴다는 사실을 기억하자.

8. '망정'의 띄어쓰기

1) '~으니/~기에 망정이지'의 구성으로 괜찮거나 잘된 일이라는 뜻을 나타내는 말일 때는 의존명사로 띄어 쓴다.

엄마가 있었으니까 망정이지 큰일 날 뻔했다.

2) 앞 절의 사실을 인정하면서 뒤에 그에 얽매이지 않음을 나타낼 때는 연결어미로 붙여 쓴다.

휴학을 할망정 그래도 시험은 보는 게 마음이 편하지 않겠어?

9. 못 / 안

　'못하는 게 아니라 안 하는 거야.'라는 말을 종종 들어봤을 것이다. '못'과 '안' 사이에
는 이렇게 커다란 의미의 차이가 존재한다.

> * 못 : 본인의 의지는 아니지만 할 수 없음
> * 안 : 스스로 원해서 하지 않음. ('–지 않다'와 구별해야 한다.)
> 　㉠공부를 못하는 것과 안 하는 것은 다르다.

　'안'은 반드시 띄어 쓰지만, '못'을 경우에 따라 다르므로 좀 더 공부하자.

1) 기본적으로 '못'은 띄어 쓴다.

> 나를 두고 멀리 못 간다.
> 걔는 정말 못 말려

2) '못하다'는 한 단어로 붙여 쓴다.

> 공부를 못한다.
> 축구를 못한다.

3) '못되다'는 한 단어다.

> 그 애는 정말 못된 아이다.
> 잘된 일인지, 못된 일인지 누가 알겠는가.

tip

'않다' : 동사의 연결어미 '지' 뒤에서 앞말이 뜻하는 행동을 부정하는 뜻을 나타낸다.
ex) 밥은 먹지 않았어.

'안' : 부사어. 용언의 앞에서 부정이나 반대의 뜻을 나타낸다.
ex) 밥은 안 먹었어.

10. '뿐'의 띄어쓰기

1) 다만 어떠하거나 어찌할 따름이라는 뜻을 나타낼 때는 의존명사로 띄어 쓴다.

> 그 일에 대해서는 풍문으로만 들었을 뿐이다.
> 그는 너무 어이가 없어서 그저 웃고 있을 뿐이다.

2) '오직'의 의미로 나타내는 말일 때도 의존명사로 띄어 쓴다.

> 그곳에서 그녀는 일주일 동안 시간만 보냈을 뿐, 실제로 별로 한 일은 없다.

3) (명사나 부사어 뒤에 붙어) '오직'의 의미를 가질 때는 보조사로 붙여 쓴다.

> 이제 내게 믿을 사람은 너뿐이야.

다음 중 띄어쓰기가 틀린 것은?

① 그 아이는 학교에서뿐만 아니라 집에서도 소외되었다.
② 모두들 구경만 할뿐이었다.
③ 그는 가족뿐만 아니라 모든 사람에게 친절했다.
④ 이름이 나지 않았다 뿐이지 참 성실한 사람이다.

tip

'~뿐'은 명사나 부사어 뒤에서 붙여 쓴다는 사실만 기억하자.

11. '동안'의 띄어쓰기

1) 기본적으로 띄어 쓰는 것이 원칙이다.

> 2시간 동안 시험을 봤다.
> 이틀 동안 밥도 못 먹었다.

2) '그동안, 오랫동안, 한동안'은 붙여 쓴다.

> 그동안 통 연락이 없어 불안했다.
> 오랫동안 소원했던 친구와 연락을 했다.
> 무거운 침묵이 한동안 계속됐다.

12. '만'의 띄어쓰기

1) '~동안'을 나타낼 때는 띄어 쓴다.

하루 만에 겨우 마칠 수 있었다.

2) '오래간만에. 오랜만에'는 한 단어로 붙여 쓴다.

정말 오래간만에 날씨가 화창했다.
어제는 오랜만에 친구들과 영화를 봤다.

제 **2** 부

글쓰기 다지기

제4강   여섯 개의 물음표로 접근하자

1. '주제'란 무엇인가?

　　글을 쓸 때, 우리가 만나는 첫 번째 고민. 그것은 '무엇을 쓸 것인가'이다. 우리가 흔히 말하는 주제가 바로 그것이다. 많은 사람들이 글을 쓰는 것이 어렵다고 말하는데, 그 이유는 바로 도무지 무엇을 써야 할지 모르기 때문이다. 일반적으로 주제란 한 편의 글이나 단락 속에 담긴 중심 생각을 의미한다. 주제가 명료하지 않은 글을 좋은 글이라 할 수 없으며, 독자가 한 편의 글을 읽는다는 것은 바로 이 주제를 찾아나가는 과정이라 할 수 있다. 바로 그 때문에 우리는 초·중고 국어 교과를 통해서 그토록 열심히 주제를 파악해 왔던 것이다.

　　이처럼 주제를 중시하는 이유는 그것이 한 편의 글(혹은 단락)의 출발점이며, 독자에게 전달되어야 할 목적 그 자체이기 때문이다. 따라서 글쓰기의 가장 중요한 출발점은 바로 그 '무엇', 주제를 발견하는 과정이라고 할 수 있다. 그런데 글쓰기라는 상황에 직면했을 때, 우리는 이 주제라는 출발점부터 가장 큰 걸림돌이 된다는 사실을 발견하게 된다. 다른 사람이 쓴 글에서 주제를 찾아내는 훈련은 많이 해왔는데, 스스로 주제를 발견해서 글로 쓰는 훈련은 거의 해본 적이 없기 때문이다. 그래서 주제를 찾기 위해 열심히 고민하고, 브레인스토밍(자유연상)도 해보지만 막상 글을 쓰려고 하면 눈앞이 막막해지는 것이다.

　　이번 강의의 핵심은 바로 이 '주제'를 찾아내는 과정이다. 그것을 위해 우리는 먼저 문장을 만드는 법을 연습할 것이다. 머릿속에 떠도는 수많은 생각의 덩어리를 논리적 관점을 지닌 하나의 문장으로 만드는 과정이야말로 주제를 발견하는 과정이 될 수 있기 때문이다.

2. 여섯 개의 물음표로 '주제'에 접근하라

우리가 일반적으로 아이디어를 도출하기 위해 가장 쉽게 사용하는 방법은 바로 브레인스토밍(Brain-storming)이다. 여러 사람 혹은 혼자서 주어진 어떤 단어에 대해 자유롭게 떠오르는 생각들을 끌어냄으로써 예상치 못한 창의적 아이디어를 끌어내는 이러한 자유연상법은 글쓰기에서도 글감을 찾아내는 방법으로 주로 활용되고는 한다. 그런데 문제는 글쓰기에 익숙하지 않은 사람들에게는 이 방법이 그다지 효력을 발휘하지 못한다는 것에 있다. 그것은 브레인스토밍은 다양한 생각의 덩어리를 끌어내는 것에는 탁월하지만 그 자체로 어떤 논리성을 만들어 내거나, 논리의 방향을 제시할 수 있는 것은 아니기 때문이다.

따라서 본 책에서는 보다 손쉽게 주제를 발견할 수 있는 방법으로 '여섯 개의 물음표'를 제안하고자 한다. 그것은 바로 우리가 너무나도 잘 알고 있는 육하원칙이다. 키워드가 될 만한 단어를 설정한 후, 육하원칙에 따라 다각도에서 그 단어와 관련된 질문을 던짐으로써 글을 써나갈 수 있는 방향을 발견해 나가는 것이다. 가장 쉽게 던질 수 있는 질문은 다음과 같다.

> ① who : 누가 이 문제에 관심을 가지는가?
> ② when : 언제 이 문제가 부각되었는가?
> ③ where : 어디서 이러한 문제가 발생되는가?
> ④ what : 문제는 무엇으로 정의될 수 있는가?
> ⑤ why : 왜 이 문제에 관심을 가져야 하는가?
> ⑥ How : 어떻게 이 문제를 해결할 것인가?

그렇다면 이것이 실제로 어떻게 주제 발견으로 연결될 수 있는지를 알아보기 위해 하나의 키워드를 가정해보자. 가령 '댓글'에 대한 것이라면 어떻게 진행될 수 있을까? 이와 관련하여 각각의 질문을 던져보자.

① who : 누가 '댓글'에 관심을 가지는가?

② when : 언제 '댓글'이라는 문제가 부각되었는가?

③ where : '댓글'과 관련된 문제는 어디서 주로 발생되는가?

④ what : '댓글'은 무엇으로 정의될 수 있는가?

⑤ why : 왜 우리는 '댓글'에 관심을 가져야 하는가?

⑥ How : 어떻게 '댓글'과 관련된 문제를 해결할 것인가?

이렇게 문제를 던져놓고 보면 각자 나름대로 그에 따른 간단한 답을 만들어낼 수 있다. 무엇인가 거창한 해답을 제시할 필요는 없다. 그저 여기서 던져진 질문에 대해 생각이 떠오르는 대로 답변을 해보면 된다. 그러면 하나씩 답변을 제시해보자.

1) 누가 '댓글'에 관심을 가지는가?

예시) 대중적인 인기가 중요한 연예인들

2) 언제 '댓글'이라는 문제가 부각되었는가?

예시) 댓글로 인해 자살하는 연예인들이 증가하면서

3) '댓글'과 관련된 문제는 어디서 주로 발생되는가?

예시) 여러 가지 뉴스를 전달해주는 포털 사이트에서

4) '댓글'은 무엇으로 정의될 수 있는가?

예시) 댓글이란 한 게시물 바로 밑에 즉시 남길 수 있는 짧은 글을 의미한다. 덧글, 코멘트 (comment), 리플(←reply)이라고도 한다.

5) 왜 우리는 '댓글'에 관심을 가져야 하는가?

예시) TV에 출연한 일반인이 악성댓글로 인해 자살하는 사건도 많이 발생하므로 우리와 관련 이 있다.

6) 어떻게 '댓글'과 관련된 문제를 해결할 것인가?

예시) 악의적인 댓글에 대한 매체들의 검열이 강화되어야 한다.

....

....

....

....

....

....

3. 해답을 발견하기 위해 질문하라

예시를 참조하면서 답을 써 보았는가? 각각의 질문에 따른 답은 전혀 다른 맥락을 가지고 있다. '누가(Who)'에 주목하여 문제를 제기하면 '댓글'이라는 키워드와 관련하여 행위주체나 행위의 대상자들이 주로 부각된다. 가령 '누가 댓글에 관심을 가지는가?'라고 묻는다면 그 답은 '연예인, 네티즌, 기자들'처럼 행위주체나 대상자들이 된다. 반면 '언제 (When)'에 주목해서 문제를 제기하면 '댓글'이라는 것이 발생된 시점이라든지, 아니면 그 자체가 하나의 이슈가 된 시기 등으로 문제가 전환된다. 가령 "언제 '댓글'이라는 문제가 부각되었는가?"라고 물으면 그 답은 '인터넷 문화가 본격화된 1990년대 후반'이거나 '악성댓글로 인해 인기 연예인이 자살하면서' 등이 된다. '누가'와 '언제'라는 질문의 방향에 따라 그 답도 완전히 달라지는 것이다.

그런데 똑같이 '누가'를 초점으로 질문을 던지더라도 어떤 설명이 붙느냐에 따라 문제는 또 다시 달라질 수 있다. '누가 댓글에 관심을 가지는가?'라는 질문과 '누가 댓글을 만드는가?'라는 질문은 똑같이 '누가'로부터 출발했지만 그에 따른 답변은 전혀 다르다. 전자가 행위의 결과에 주목하는 것이라면, 후자는 행위의 주체에 관심을 갖는다. 그에 따라 이후 진행될 글의 방향도 상이하게 전개될 수밖에 없다. 결국 문제를 발견한다는 것은 해답의 실마리를 얻는 것이다.

이처럼 질문을 통해 문제를 발견한다는 것은 이미 그 문제를 해결할 수 있는 방향이 결정되어간다는 것을 의미한다. 더 많은 질문을 던질수록 글을 풀어나가는 과정, 즉 해결을 향한 실마리는 보다 분명해지는 것이다. 결국 글은 문제를 발견하는 그 순간, 절반은 완성된 것과 다름없다. 따라서 글을 쓰는 우리의 자세는 다음과 같아야 한다. 이전까지 우리의 명제는 다음과 같았다.

> 질문이 있으면 해답이 있다.

그러나 이제 그 방향은 변화되어야 한다.

> 해답을 얻기 위해 질문을 해야 한다.

따라서 본격적으로 글을 쓰기에 앞서 우리가 연습해야 할 가장 큰 과제는 바로 '질문하기'이다. 끊임없이 질문을 던짐으로써 우리는 우리가 써야 할 주제와 더 가까워지고, 그 과정을 통해 우리의 글은 저절로 완성되어갈 것이기 때문이다. 이 단계에서 우리가 주목해야 할 명제는 다음과 같다.

> ① 문제를 구체화시켜라.
> ② 스스로 던진 질문에 스스로 답하라.

이 말을 명심하면서 이제 앞서 제시되었던 문제들을 통해 질문이 어떻게 해답을 만들어나가는지 보다 구체적으로 살펴보자. 다시 맨 처음에 제기했던 질문을 떠올려 보자.

> 누가 댓글에 관심을 가지는가?
> ⇨ 연예인, 네티즌, 기자들

각각의 답으로부터 우리는 새로운 문제를 끌어낼 수 있다.

> 언제 그들은 댓글에 관심을 가지게 되는가?
> ⇨ 연예인 : 자신에 대한 악성댓글이 늘어날 때
>   네티즌 : 무심코 쓴 악성댓글로 인해 명예훼손 등의 송사에 휘말릴 때
>   기 자 : 악성댓글로 인한 유명인의 자살 사건이 터질 때

이러한 각각의 문제로부터 우리는 또 다른 문제를 이끌어낼 수 있다. 간단하게 '왜(why)'를 대입시켜 문제를 이끌어 보자.

> 왜 연예인은 자신에 대한 악성댓글이 늘어날 때 댓글문화에 관심을 갖는가?
> ⇨ 연예인으로서 자신의 커리어에 나쁜 영향을 미칠 수 있으므로
>
> 왜 네티즌은 명예훼손 등의 송사에 휘말릴 때 댓글문화에 관심을 갖는가?
> ⇨ 그 이전까지는 심심풀이로 쓴 댓글이 큰 문제가 될 것이라고 생각하지 않았으므로
>
> 왜 기자는 악성댓글로 인해 유명인의 자살 사건이 터질 때 댓글문화에 관심을 갖는가?
> ⇨ 유명인의 자살로 인한 사회적인 파장이 큰 화제가 될 것이기 때문에

이러한 질문은 한 번으로 끝나지 않는다. 우리는 '왜'로부터 또 다른 '왜'를 끌어낼 수 있기 때문이다. 문제를 바라보는 각도만 달리하면 얼마든지 다양한 질문을 끌어낼 수 있다.

왜 연예인들은 댓글에 상처를 받으면서도 법적 대응에는 미온적인가?
왜 네티즌은 악성댓글이 범죄가 아니라고 생각하는가?
왜 기자들은 자살 사건의 원인으로 악성댓글을 지목하는가?

이 모든 문제들은 '누가'라는 동일한 문제에서 출발했지만 그것에 따른 질문의 각도가 변화됨에 따라 전혀 다른 문제로 발전했음을 알 수 있다. 그리고 이러한 차이는 결국 각각의 문제에 따른 전혀 다른 주제들을 만들어낸다.

① 유명인의 자살과 악성댓글의 연관관계
② 올바른 댓글문화의 정착을 위한 네티즌의 자세
③ 악성댓글과 사이버 공간에서의 윤리

지금까지 진행한 일련의 과정은 한 편의 글을 쓰는 데 있어서 질문의 중요성을 일깨우기 위한 것이었다. 다음 단계에서는 실제로 이러한 질문들을 바탕으로 어떻게 주제문을 만들어낼 수 있는지 연습해보자.

4. 다양한 각도로 질문하고 답하라

질문하기의 중요성이 어느 정도 느껴지는가? 그렇다면 지금까지 연습했던 질문하기를 통해 각각의 화제어에 질문을 던지고 그에 따른 답변을 끌어내보자.

1) 비만

2) 언론

3) 사형제도

4) 대중매체

5) 남북통일

6) 종교적 삶과 사회적 삶

제5강 주제문을 만들어 보자

앞에서 우리는 질문하기를 통해 주제를 끌어냄으로써 글쓰기를 어떻게 시작할 것인가를 공부했다. 사실 이러한 질문 과정은 앞으로 쓸 화제의 범위를 점점 축약시키기 때문에 폭넓은 주제를 좀 더 한정적이고 깊이 있는 주제로 만드는 효과를 나타낸다. 본격적으로 단락을 쓰기에 앞서, 우리는 한 편의 글의 주제가 갖추어야 할 요건을 살펴볼 필요가 있다.

1. 주제의 요건

1) 주제는 한정적이어야 한다.

"잘 나가다 삼천포로 빠진다."라는 말을 들어보았는가? 이야기가 본래의 주제에서 벗어나 갑자기 엉뚱한 내용으로 전개될 때 하는 말이다. 학생들의 글을 읽다보면 이런 경우를 자주 볼 수 있다. 분명 서론에서는 어떤 주제에 대해 찬성하는 내용으로 시작되었는데, 본론을 지나 결론으로 가면 어느덧 그 주제에 반대하는 내용으로 마무리 되는 경우가 많다. 논리적으로 미숙하다 보니 반론을 검토하는 과정에서 자신의 논리를 오히려 뒤집는 결론을 이끌어내게 되는 것이다. 이는 주로 주제가 글쓴이의 역량을 넘어설 때 나타난다. 주제의 폭이 넓으면 넓을수록 막연해지고, 막연해지면 막연해질수록 그 주제를 감당할 수 있는 능력은 떨어질 수밖에 없다. 따라서 글을 잘 쓰는 사람은 결코 자신의 역량을 넘어서는 주제를 잡지 않는다. 그렇다면 다음 주제들 가운데 어떤 주제가 글쓰기에 적당한 주제일까?

① 갈수록 심각해지는 청소년 범죄를 예방해야 한다.
② 스쿨폴리스 제도의 도입으로 청소년 범죄를 예방해야 한다.

위의 두 주제 중에서 ①은 가주제라 할 수 있으며, ②는 참주제라 할 수 있다. 가주제란 포괄적인 주제를 의미하고, 참주제란 그 문제에 대해 구체적인 답을 하기 위한 주제이다. "갈수록 심각해지는 청소년 범죄를 예방해야 한다."라는 내용 역시 어떤 문제의식을 가지고 있는 주제임은 분명하지만, 그 자체로 해결 방향을 제시하지는 않는다. 따라서 구체성이 부족하다는 점에서 가주제라 할 수 있다. 반면 ②는 유사한 관점을 가지고 있지만 '스쿨폴리스 제도'라는 구체적인 방향을 제시하고 있기 때문에 참주제라 할 수 있다. 이러한 주제를 선택하게 되면 스쿨폴리스 제도의 장단점, 효과, 실용가능성 등으로 본론을 구성할 수 있다.

물론 이러한 가주제, 참주제는 딱 떨어지는 정답을 가지고 있는 것은 아니다. 엄밀히 말하면 상대적인 의미를 가지고 있다고 할 수 있다. 그렇지만 우리는 보다 구체적이고 정확한 방향을 가진 주제를 제시할 수 있도록 노력해야 하고, 그것이 글을 잘 쓸 수 있는 비결이기도 하다.

2) 글 쓰는 사람이 잘 알고 있는 주제

아무리 구체적인 주제라고 할지라도 자신이 잘 모르는 분야에 대해서 쓴다면 좋은 글을 쓰기 힘들다. 물론 여러 자료들을 통해 정보를 얻을 수는 있겠지만, 짧은 시간 동안 습득한 지식만으로 글을 쓰게 되면, 정보의 나열 이상으로 글을 발전시키기 어렵다. 따라서 자신이 평소에 관심을 가지고 있던 분야, 또한 잘 알고 있는 주제를 잡아야만 참신하고 흥미로운 글을 쓸 수 있다. 여러분이 보고서를 써야 한다고 가정하자. 다음 두 주제 중 어느 쪽이 더 적절할까?

① 오일쇼크와 한국경제
② 대학생들의 경제관념

①은 대학교 1학년들이 보고서를 쓰기에 적합한 주제라 할 수 없다. 주제의 폭이 너무 넓고 주제와 관련된 지식이 아직은 부족한 상태이기 때문이다. 만약 ①의 주제로 글을 쓴다면 배경지식이 없는 상태에서 자료에만 근거해서 글을 쓸 수밖에 없기 때문에 심도 있는 논의를 전개하기 어렵다. 결국 주제에 대한 자신만의 독창적인 시각을 보여주는 것이 불가능해진다. 반면 ②는 대학교 1학년들에게 훨씬 친근한 주제이다. 학과나 단대를 중심으로 간단한 설문지를 만들어서 통계를 내는 것만으로도 흥미로운 결론을 이끌어낼 수 있기 때문이다. 따라서 ①보다는 ②가 대학교 1학년에게는 더 적합한 주제라고 할 수 있다. 물론 이는 글 쓰는 주체가 누구냐에 따라서 달라지고, 그에 따라 주제에 대한 접근법도 달라진다.

3) 글 쓰는 사람이 관심을 가지고 있는 주제

잘 알고 있는 주제라고 할지라도 자신이 관심이 없는 주제를 억지로 쓰는 것은 큰 의미가 없다. 어떤 문제에 흥미를 가질 때, 글쓰기라는 지적 행위도 더 능동적으로 진행될 수 있다. '관심'은 주제 혹은 문제에 대해 적극적이고 깊이 있는 접근을 가능하게 하는 출발점이다. 쓰고 싶은 것을 쓸 때, 다른 사람에게도 그 글이 읽고 싶고 읽을 만한 가치가 있는 글이 된다. 최근에는 소셜 네트워크가 발전함에 따라 자신의 관심을 글로 표현하는 일이 훨씬 많아졌고, 그것을 다른 사람들과 공유할 수 있는 장도 넓어졌다. 그러나 더 많은 사람이 읽는다고 해서 꼭 좋은 글이라고 할 수는 없다. 소수의 독자에게라도 깊이 있게 다가갈 수 있다면 충분히 가치 있는 글이라고 평가할 수 있다. 자기주도적 글쓰기의 출발은 곧 문제에 대한 관심에 있음을 잊지 말자.

4) 독자의 흥미를 끌 수 있는 주제

글을 쓴다는 것은 항상 누군가 그 글을 읽는다는 것을 전제로 한 행위이다. 물론 일기와 같이 사적인 글이 있기는 하지만, 일기 자체도 글쓴이 스스로 읽을 수 있다는 점에서 엄밀한 의미에서는 독자가 완전히 배제되었다고 보기는 힘들다. 이런 점은 미디어 글쓰기에서 더 부각된다. 블로그나 미니홈피에서의 글쓰기는 기본적으로 자기만족적 성격이 강하지만, 그 역시 그곳을 방문하는 익명의 유저들을 향한 자기과시적 성격이 있다는 점에서 여전히 독자가 전제되어 있다. 따라서 모든 글은 독자에게 읽히기 위해 쓰는 것이며, 모든 글의 주제는 독자에게도 관심과 흥미를 이끌어낼 수 있을 때 가치 있는 것이 된다.

그러나 동시에 우리는 글이라는 것이 사회적 산물임을 잊어서는 안 된다. 개인의 생각이 문자로 기록되는 순간, 이미 그것은 사회적 책임을 지니게 되기 때문이다. 좋은 주제는 독자의 말초신경을 자극하는 것이 아니라, 마음 속 깊은 곳에서 우러나는 공감을 얻어낼 수 있는 것이어야 한다. 글의 논리성이라는 것 역시 독자의 공감을 이끌어 독자를 설득해내는 것임을 잊지 말자.

2. 주제문 쓰기

주제가 선택되었다면 그것을 주제문으로 바꾸어 보아야 한다. 이 때 주제문은 참주제를 한 문장으로 진술한 것을 의미한다. 그런데 이러한 주제문은 다음과 같은 요건을 갖추어야 한다.

> ① 의문문이 아닌 평서문으로 써야 한다.
> ② 주어와 서술어를 비롯한 모든 문장 요소가 갖추어진 완전한 문장이어야 한다.
> ③ 글쓴이의 관점이 명확하게 드러나야 한다.
> ④ 제재의 한정된 국면에 초점이 맞추어져야 한다.
> ⑤ 누구나 알고 있는 자명한 사실이거나 법칙이어서는 안 된다.
> ⑥ 근거에 의해서 입증될 수 있어야 한다.

이러한 요건을 갖추어야만 올바른 주제문이라 할 수 있다. 그렇다면 앞에서 질문하기를 통해 이끌어낸 주제를 자신의 입장이 분명하게 드러난 한 문장의 주제문으로 완성해 보자.

1) 비만

....

....

2) 언론

....

....

3) 사형제도

....

....

4) 대중매체

....

....

5) 남북통일

....

....

6) 종교적 삶과 사회적 삶

각각의 주제에 따라 주제문을 만들었다면, 위에서 제시한 주제문의 요건에 따라 평가해 보도록 하자. 미흡한 점이 있다면 어떻게 고쳐야 할지 의견을 나누고 그에 따라 수정하는 시간을 갖도록 하자.

3. 단락의 구성

다독(多讀), 다작(多作), 다상량(多商量). 이것은 글쓰기에 관한 모든 책에서 한 번쯤은 꼭 언급하고 넘어가는 것이다. 많이 읽고, 많이 쓰고, 많이 생각하는 것이 기본이기 때문이다. 그럼에도 불구하고 많은 사람들은 자신이 글을 못 쓴다고 생각하면서 글을 쓸 상황을 피하려고만 할 뿐, '다독, 다작, 다상량'을 실천하려고 노력하지 않는다. 그러니 점점 글쓰기는 어려워진다. 읽지 않으면 깊이 있게 생각하기 어려워지고, 아는 것이 없으니 쓸 말도 없는 것이다. 독서하고, 그 독서를 바탕으로 새로운 생각을 하고, 열심히 글로 옮기는 것이야말로 글쓰기의 기본임을 잊지 말자.

그렇다면 무조건 많이 읽고, 많이 생각하고, 많이 쓰면 글을 잘 쓸까? 물론 이것도 틀리지는 않다. 그러나 오늘을 살아가는 우리가 습득해야 할 정보는 너무나 많고, 우리는 불과 30년 전 사람들보다 훨씬 바쁘게 살아가고 있다. 무조건 많이 읽는 것이 불가능한 삶을 살고 있는 것이다. 그렇다면 하나를 읽어도 제대로 읽고 다각도로 사유하는 것이 '다작'할 수 있는 기본이 된다. 전체적인 흐름과 주제를 정확하게 짚어내면서 읽어내는 독서 습관이 필요한 것이다. 바로 이 때문에 단락의 구성을 파악하는 것이 중요해진다.

표준국어대사전에 따르면 단락이란 "긴 글을 내용에 따라 나눌 때, 하나하나의 짧은 이야기 토막"을 의미한다. 흔히 문단이라고도 하는데, 가장 쉽게 말하자면 생각에 따라 문장을 묶은 덩어리라고 할 수 있다. 대체로 논리적 체계가 분명해지면 생각 덩어리가 비슷한 수준에서 군더더기 없이 제시되기 때문에 단락의 길이는 일정하게 나타나게 된다.

그러나 여기에는 절대적인 법칙이 존재하는 것은 아니다. 단락은 그 내용의 중요도에 따라, 혹은 연결된 생각의 덩어리에 따라 길이가 결정되기 때문이다. 따라서 한 문장으로 된 단락이 있을 수 있고, 다른 단락들보다 훨씬 긴 단락도 있을 수 있다. 중요한 것은 길이에 있는 것이 아니라 생각 덩어리를 어떻게 묶을 것인가에 있다. 흔히 사용되는 단락의 구성을 살펴봄으로써 단락에 대한 이해를 높여보자.

1) 두괄식 단락

가장 일반적으로 단락의 구성하는 형태는 두괄식이다. 이것은 단락의 주제문이 가장 앞에 제시되고 그 주제문에 관련된 뒷받침 문장이 나오는 형태이다.

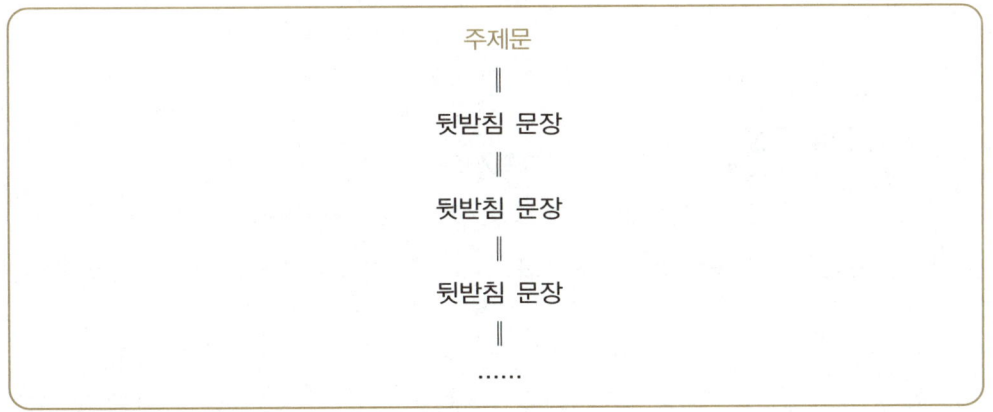

이러한 두괄식 구성은 가장 많이 사용되는데, 그 이유는 독자에게 주제를 선명하게 전달할 수 있다는 장점이 있기 때문이다. 또한 전체적으로 독자에게 글을 보다 논리적이고 통일성 있는 것처럼 느끼게 하는 효과를 야기할 수 있다. 다음 예문을 살펴보자.

> '흑자 올림픽'은 이 지구상에 존재하지 않는다. 대회 개최를 위해 쏟아 붓는 지출을 계산하면 무조건 적자다. 무시무시한 적자다. 철도에 7조 원, 도로에 2조 2000억 원, 경기장에 1조 2000억 원이 들어간다고 한다. 9조 원을 들여 KTX까지 놓는단다. 이제 평창올림픽은 20조 원을 훌쩍 뛰어넘는 건설프로젝트가 됐다. 개최 준비는 여기서 끝나는 게 아니다. 대테러 보안·안전비용에만 2조 원이 필요하다. 이런 식이면 개최비용은 30조 원을 가뿐하게 넘길 것이다.
>
> 정희준, 「흑자 올림픽은 없다」, 『경향신문』 2011년 7월 14일자 일부.

밑줄 친 문장은 이 단락의 주제문이다. 이 단락은 '흑자 올림픽은 존재하지 않는다.'라는 주장을 내세우고 있다. 첫 번째 문장에서 이 사실을 명확하게 제시하고, 뒷받침 문장들에서는 실제 올림픽을 개최하는데 필요한 금액을 제시함으로써 주제문을 논증하고 있다. 각각의 뒷받침 문장들은 대등한 내용으로 나열되어 있다.

이처럼 두괄식 단락은 독자에게 전달하고자 하는 바를 명확하게 전달하는데 매우 효과적이다. 그러나 지나치게 의도적으로 사용하게 되면 지루해지거나, 자칫 독자에게 글쓴이의 의견이나 생각을 강요하는 것 같은 느낌을 줄 수 있어서 주의를 요할 필요가 있다.

2) 미괄식 구성

두괄식과는 달리 주제문이 단락의 끝에 나오는 것이 미괄식 구성이다. 미괄식 단락에서는 뒷받침 문장들이 먼저 제시되고, 그것을 바탕으로 주제문이 단락의 끝에 제시된다.

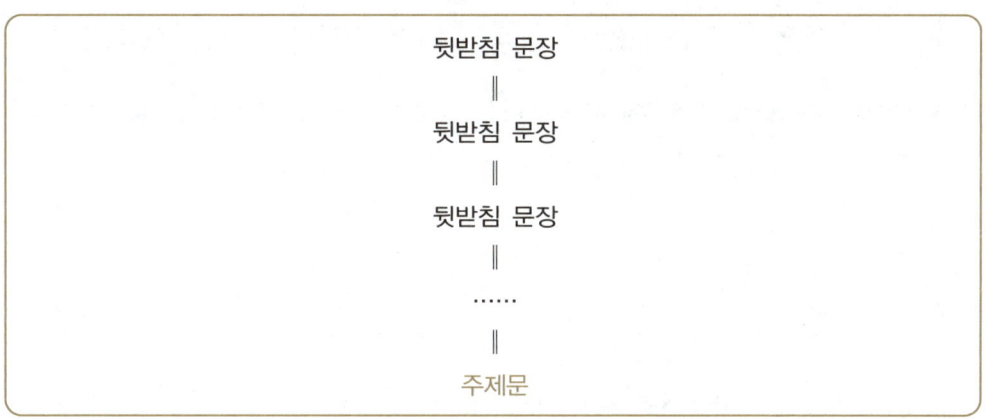

이러한 미괄식 구성은 독자에게는 보다 능동적인 독서가 요구되어 가독성이 다소 떨어지는 단점을 가지고 있지만, 뒷받침 문장들이 독자의 관심을 적절하게 끌어내는 경우에는 오히려 주제를 확실히 부각시키는 효과를 나타낼 수 있다는 장점을 가지고 있기도 하다. 다음 예문은 미괄식으로 주제를 제시한 경우이다.

> 드립, 뽀록, 쿠사리, 짭새, 간지, 빵셔틀 등의 말을 들어본 적이 있는가? 이는 일상생활 속에서 쉽게 들을 수 있는 비속어들이다. 남녀의 차이를 재미있게 묘사하여 인기를 끌었던 모 케이블 방송사는 최근 〈바른 말 탐구생활〉이라는 제목 아래 이러한 비속어들의 사전적 의미를 제시하는 상황극을 방송했다. 본래 10대를 중심으로 인터넷 상에서 사용되던 이런 용어들이 일상의 언어로 편입되면서 보편화된 것이다. '어이없는 맞장구, 들통, 구박, 경찰, 옷맵시' 등의 표준어가 분명히 존재하지만 오히려 비속어가 더 많이 쓰이는 것이 현실이다. 그런데 문제는 이러한 비속어들이 방송을 통해 더 빠르게 유행되고, 일상생활의 영역으로 편입된다는 사실이다.
>
> 〈학생글〉

제시된 예문은 어떤 글의 서론에 해당된다. 뒷받침이 될 만한 내용들을 먼저 제시함으로써 독자의 관심을 환기한 후, 그에 따라 앞으로 전개할 주제를 단락의 맨 마지막에 제시함으로써 보다 적극적인 독서를 요구하고 있다.

제6강 〈÷+×−〉를 통해 화제와 대화하라

'시작이 절반이다.'라는 말이 있다. 각각의 주제문이 완성되었다면 이미 집필은 시작된 것이다. 그런데 본격적인 글쓰기에 앞서 이 책은 글의 얼개를 구상하는 새로운 방법을 제시하고 싶다. 어린 시절부터 우리가 글쓰기의 시작단계에서 필수적으로 배웠던 것은 바로 '개요 짜기'였다. 전체적인 글의 얼개를 만드는 개요는 글의 논리성과 일관성을 유지시켜준다는 점에서 매우 중요하다.

그런데 개요 짜기의 한계는 바로 여기에 있다. 개요를 짰다는 것은 이미 머릿속에서 글의 논리적 구성이 완료되었다는 것을 의미한다. 개요에 살을 붙여 나가면 그대로 글이 되기 때문이다. 문제는 이 개요를 짜기 위한 글감을 이끌어내는 과정에서 많은 학생들이 포기한다는 데 있다. 바로 이 때문에 이 책은 화제와 대화할 것을 제안하고 싶다. 그리고 그 대화의 방법은 앞에서 이미 제시했던 질문하기와 연결된다. 질문하고 답하고 그 답을 다시 문장 안에 넣어 확장시키는 과정을 통해서 전체적인 글의 논의가 전개되는 것이다.

1. 화제와 대화하라

1) '÷' 내용을 쪼개라.

우리는 앞에서 이미 질문하기를 통해 생각의 덩어리를 이끌어내는 방법을 연습했다. 이번 과정에서 해야 할 것은 그 생각의 덩어리를 보다 작은 단위로 나누는 것이다. 예문을 보면서 자세히 이야기해 보자.

스쿨폴리스 제도의 도입으로 청소년 범죄를 예방해야 한다.

이 주제문은 크게 두 개의 생각 덩어리를 가지고 있다. 하나는 '스쿨폴리스 제도를 도입하자.'라는 것이고 다른 하나는 '청소년 범죄를 예방해야 한다.'라는 내용이 그것이다. 그러면 우리는 이 하나의 주제문에서 두 개의 문장을 뽑아낼 수 있다.

① 스쿨폴리스 제도를 도입하자.
② 청소년 범죄를 예방해야 한다.

2) '+' 질문을 던져라."

문장을 나누었으면 다시 각각의 문장에서 4강에서 연습했던 질문하기를 통해 생각의 덩어리를 더해야 한다. ①의 '스쿨폴리스 제도를 도입하자.'라는 문장은 다음과 같은 질문을 유도한다. '스쿨폴리스 제도란 무엇인가?'와 '왜 이 제도가 도입되어야 하는가?' ②의 '청소년 범죄를 예방해야 한다.'라는 문장에서는 다음과 같은 질문이 나올 수 있다. '청소년 범죄의 현 상황은 얼마나 심각한가?', '왜 예방이 처벌보다 중요한가?', '그 안에서 학교의 역할은 어떠한가?' 등등이 그것이다. 이러한 질문을 정리해보자.

① 스쿨폴리스 제도란 무엇인가?
② 왜 이 제도가 도입되어야 하는가?
③ 청소년 범죄의 현 상황은 얼마나 심각한가?
④ 왜 예방이 처벌보다 중요한가?
⑤ 청소년 범죄에 대한 학교의 역할은 어떠한가?

이 질문들은 적절한 인과관계에 따라 재배치될 필요가 있는데, 그 배치 방법에 따라서 이후 글은 전혀 다른 논리적 전개를 갖게 된다. 따라서 글을 쓰기에 앞서 생각의 덩어리를 여러 가지 방법으로 배치함으로써 자신에게 맞는 적절한 구성을 찾아내는 것이 매우 중요하다. 여기서는 두 가지 정도로 배치할 수 있는데 하나는 위에서 제시한 순서 그대로이고 다른 배치는 다음과 같다.

> ③ 청소년 범죄의 현 상황은 얼마나 심각한가?
> ⑤ 청소년 범죄에 대한 학교의 역할은 어떠한가?
> ④ 왜 예방이 처벌보다 중요한가?
> ① 스쿨폴리스 제도란 무엇인가?
> ② 왜 이 제도가 도입되어야 하는가?

똑같은 질문이지만 그것의 배치에 따라 글의 흐름은 상이하게 되는데, 다음 장에서 이를 살펴보자.

3) 'X' 해답을 더해 논리를 발전시켜라.

질문의 얼개가 나왔다면 이제 각각의 질문에 해답을 더해 논리를 발전시키면 된다.

> ① 스쿨폴리스 제도란 무엇인가?
> 　미국에서 시작된 제도로, 학교 내에 제복을 입은 퇴직 경찰을 배치해 교내 순찰 업무와 학원 폭력 상담 등의 업무를 맡기는 것을 말한다.
> ② 왜 이 제도가 도입되어야 하는가?
> 　교사들만으로는 학교 폭력의 문제를 해결하기 어렵기 때문이다.
> ③ 청소년 범죄의 현 상황은 얼마나 심각한가?
> 　조직폭력에 버금가는 온갖 범죄가 학교 내에서 빈번히 일어나고 있다.
> ④ 왜 예방이 처벌보다 중요한가?
> 　사건 자체가 일어나지 않게 하면 처벌할 필요도 없기 때문이다.
> ⑤ 청소년 범죄에 대한 학교의 역할은 어떠한가?
> 　학교는 사건을 은폐하지 않고 적극적으로 해결하려는 의지를 보여야 한다.

①②③④⑤의 순서로 문장을 연계하면 다음과 같은 내용이 나온다.

> ① 스쿨폴리스 제도란 미국에서 시작된 제도로, 학교 내에 제복을 입은 퇴직 경찰을 배치해 교내 순찰 업무와 학원 폭력 상담 등의 업무를 맡기는 것을 말한다.
> ② 교사들만으로는 학교 폭력의 문제를 해결하기 어렵기 때문에 스쿨폴리스 제도가 도입되었다.
> ③ 현재 조직폭력에 버금가는 온갖 청소년 범죄가 학교 내에서 빈번히 일어나고 있다.
> ④ 범죄사건 자체가 일어나지 않게 하는 예방이 필수적이다.
> ⑤ 학교는 사건을 은폐하지 않고 적극적으로 해결하려는 의지를 보여야 한다.

이러한 다섯 문장을 바탕으로 단락을 구성하기 위해서는 내용이 좀 추가되어야 한다. 그것은 스쿨폴리스 제도와 청소년 범죄 예방을 연결시킬 수 있는 어떤 매개이다. 이에 주목하면서 각 문장 사이의 인과관계를 만들어 단락을 완성시켜 보자. 이 과정에서도 내용을 나누고, 질문을 더하고, 내용을 확장시키는 과정을 반복한다.

> 스쿨폴리스 제도가 처음 시작된 것은 미국이었다. 날로 늘어나는 청소년 범죄를 해결하기 위해 학교 내에 제복을 입은 퇴직 경찰을 배치했던 것이다. 이러한 스쿨폴리스는 교내 순찰 업무와 학원 폭력 상담 등의 업무를 수행하면서 학교 내 공권력으로서 자리매김했다. 그런데 스쿨폴리스 제도를 우리의 학교제도 안에 도입하고자 하는 배경에는 교사들만으로는 학교 폭력의 문제를 해결하기 어렵다는 사회적 판단이 깔려 있다. 폭행, 금품 갈취, 성폭행에 이르기까지 온갖 범죄가 교내에서 빈번하게 일어나고 있는 것이 현실이기 때문이다.
> 그러나 스쿨폴리스는 단지 이러한 범죄를 처벌하기 위해 도입하고자 하는 것은 아니다. 오히려 이 제도를 적극적으로 도입해야 하는 이유는 바로 그 자체로 범죄 예방의 효과를 지니기 때문이다. 폭력이 발생할 수 있는 장소에 스쿨폴리스를 배치하면 폭력 자체가 발생되지 않게 하는 효과를 지닐 수 있다. 물론 이러한 스쿨폴리스만으로 학교 폭력을 중심으로 한 청소년 범죄가 완전히 해결되는 것은 아니다. 학교 측 역시 사건이 발생했을 때 사건을 축소하거나 은폐하려 하지 않고 적극적으로 해결하려는 의지를 보여야 한다. 그래야만 또 다른 사건이 재발하는 것을 방지할 수 있기 때문이다.

그러나 ③⑤④①②로 논리적 구성이 달라지면 내용도 달라진다. 이러한 구성을 띠게 되면 같은 질문에 같은 대답이라 해도 전혀 다른 내용이 제시될 수밖에 없다.

③ 현재 조직폭력에 버금가는 온갖 청소년 범죄가 학교 내에서 빈번히 일어나고 있다.
⑤ 학교는 사건을 은폐하지 않고 적극적으로 해결하려는 의지를 보여야 한다.
④ 범죄사건 자체가 일어나지 않게 하는 예방이 필수적이다.
① 스쿨폴리스 제도란 미국에서 시작된 제도로, 학교 내에 제복을 입은 퇴직 경찰을 배치해 교내 순찰 업무와 학원 폭력 상담 등의 업무를 맡기는 것을 말한다.
② 교사들만으로는 학교 폭력의 문제를 해결하기 어렵기 때문에 스쿨폴리스 제도가 도입되었다.

바뀐 순서에 맞추어 내용을 구성해 보자.

폭행, 금품 갈취, 성폭행. 오늘날 이것은 사회의 뒷골목에서 벌어지는 사건이 아니다. 교육이 이루어지는 가장 신성한 장소인 학교 안에서 빈번하게 발생되는 사건들이다. 조직폭력에 버금가는 온갖 청소년 범죄가 발생되는 장소가 바로 학교 안이라는 것은 더 이상 놀라운 사실이 아니다. 사태가 심각해지면서 사회는 사건을 은폐하기에 급급했던 학교들에 적극적인 해결 의지를 요구하기에 이르렀다. 학교가 더 이상 범죄의 현장이 되지 않게 하기 위해서 범죄사건 자체가 일어나지 않게 하는 예방이 필수적이다. 스쿨폴리스 제도는 바로 이를 위해 제안되었다.

미국에서 처음 시작된 스쿨폴리스 제도는 날로 늘어나는 청소년 범죄를 해결하기 위한 방안으로 제안되었다. 학교 내에 제복을 입은 퇴직 경찰을 배치해서, 교내 순찰 업무와 학원 폭력 상담 등의 업무를 수행하게 하였다. 이는 본격적으로 교내 폭력에 공권력이 개입됨을 알리는 것이었다. 이러한 스쿨폴리스 제도를 우리의 학교제도 안에 도입하고자 하는 배경에는 교사들만으로는 학교 폭력의 문제를 해결하기 어렵다는 사회적 판단이 깔려 있다.

이렇게 하나의 단락이 완성되었다면 다시 그 단락의 내용을 쪼개고, 질문을 더하고, 그 해답을 바탕으로 내용을 확장시키는 과정을 통해 전체적인 글을 완성할 수 있다. 이 책에서 제안한 이러한 구성 방법은 개요를 만드는 것 자체를 고통스러워하는 학생들을 위한 대안이다. 개요 짜기 자체를 부정하고자 하는 것은 아님을 명심해주기를 바란다. 정말 글을 쓰는 것이 고통스러운데, 꼭 써야 한다면 질문하고 답하는 이 과정을 통해 글을 완성할 수 있음을 기억하기를 바란다.

4) '−' 불필요한 내용은 버려라.

모든 글쓰기를 마무리하는 가장 중요한 것은 바로 퇴고이다. 글을 쓰다 보면 논리적 비약이나 쓸데없는 내용들이 들어가 글의 논리성과 일관성 및 통일성을 해치는 경우가 많다. 대략적인 내용이 완결되었다면 불필요한 내용들을 버려 전체적인 논리 전개를 다듬어야 한다.

2. 화제 확장하기 연습

〈÷+×−〉를 통해 화제를 확장시키고 단락을 구성하는 방법을 공부했다. 그렇다면 이번 단계에서는 4강과 5강에서 함께 공부했던 주제를 바탕으로 다시 화제 확장하기를 시도해 보도록 하자.

1) 비만

2) 언론

3) 사형제도

4) 대중매체

5) 남북통일

6) 종교적 삶과 사회적 삶

제3부

글쓰기 완성하기

제7강   설명하거나 설득하거나

1. 설명하는 글

1) 설명과 설명문

　　설명문은 우리가 가장 많이 사용하는 글쓰기의 종류이다. 넘쳐나는 정보의 시대에 올바른 정보를 전달하는 것은 일상생활에서 자주 요구되는 진술방법이다. 설명은 설명할 대상에 대한 정확한 파악과 이해 그리고 전달이 중요하다. 이것을 통하여 사물의 실재와 본질을 쉽게 규명할 수 있는 것이다. 그렇다면 설명문은 무엇일까? 설명문은 쉽게 말하면 알고 있는 정보를 다른 사람에게 전달하는 글쓰기이다. 정보전달을 특징으로 하기에 주관적이거나 감정적인 표현은 지양하는 것이 바람직하다. 객관적으로 설명하고 독자가 궁금한 것이 무엇인가를 생각한다면 보다 좋은 설명이 될 수 있을 것이다.

　　이러한 설명문은 다양한 방면에서 자주 사용된다. 간단하게 단어의 뜻을 설명하는 것부터 자신의 입장을 표명하는 글까지 모두 설명문에 포함된다. 우리가 일상생활에서 쉽게 찾아볼 수 있는 제품설명서는 오직 설명만으로 이루어진 대표적인 설명문이라 할 수 있다. 그 용도는 독자에게 내용을 이해시키는 것이다. 아무리 멋진 내용을 썼다 하더라도 독자에게 자신의 생각이나 관점을 제대로 설명하지 못한다면 그 글은 목적을 충족했다고 할 수 없다. 이렇게 독자를 이해시키는 것을 목적으로 하기에 설명문은 다양한 설명방법을 사용하는 것이 특징이다.

2) 설명의 방법

(1) 지정

지정은 언어를 통해 대상이나 상황을 확인하거나 지적하는 것이다. 흔히 "무엇이냐?", "누구냐?"에 대한 대답으로 나타나는 형식이다. 이러한 지정은 구체적인 것을 설명하는 방식으로 사용되는 것이 일반적이다.

> 어제 너와 함께 있던 아이는 누구냐? 미영이입니다.

(2) 정의

정의는 주어진 '말의 의미'에 대한 설명이다. 정의의 설명방법은 지정과는 다르게 가리키는 수준을 떠나 '무엇'에 대한 완결된 설명의 형태를 갖추어야 한다. 말의 의미를 명료하게 표현하여 모호성을 없애고 의미를 정확하게 구분하여 애매성을 제거하는 설명 방법이다. 이론적으로 의미를 규정하는 것이기도 하다. 설명방법으로 정의를 사용할 경우 일정한 규칙을 염두에 두어야 한다.

① 정의는 너무 넓게 이루어져도 안 되고 좁게 이루어져도 안 된다.

> 인간은 두 발을 가진 동물이다.

② 정의는 순환적(동어반복)이어서는 안 된다.

> 경제학은 경제를 공부하는 학문이다.

③ 정의는 애매하거나 난해한 말 또는 비유적으로 표현되어서는 안 된다.

> 문학은 인생의 교과서이다.

④ 긍정적인 정의는 가능하지만 부정적으로 정의해서는 안 된다.

> 어머니는 아버지가 아닌 여자다.

(3) 예시와 인용

예시는 추상적인 개념을 구체적인 예를 들어 설명하는 방법이다. 인용은 다른 사람의 말이나 글을 가져다가 설명하는 방식이다. 자신의 경험이나 주변 사람들의 경험·의견 등을 설명의 방법으로 인용할 수 있지만, 예시와 인용에는 지켜야 할 규칙이 있다. 예시의 경우 너무 많은 예를 드는 것은 바람직하지 않다. 또 모든 사람들이 쉽게 이해할 수 있어야 하며, 문제의 핵심에서 벗어나지 않도록 주의해야 한다. 인용의 경우는 누구나 동의할 수 있는 명확한 사실이어야 하며, 그 분야에서 가장 권위 있는 것으로 인정받은 주장을 인용하는 것이 바람직하다.

물질 생성의 원리를 풀어 낼 마지막 열쇠 '힉스 입자'를 찾아라

힉스 입자는 어떻게 다른 입자들에 질량을 부여할까. 1993년 영국 과학부장관 윌리엄 월드그레이브는 '힉스 입자의 작용을 쉽게 한 페이지로 설명하기' 공모를 냈다. 당시 영국의 물리학자 데이비드 밀러 박사의 설명 등 다섯 개가 당선작으로 뽑혔다. 밀러 박사의 설명을 이해하기 위해서는 우선 '물체의 질량이 크다는 것은 움직이는데 힘이 많이 든다는 것'이라는 물리학의 개념을 염두에 둬야 한다.

다음은 밀러 박사의 설명 요지.

"방안에 사람들이 가득 차 있고 당신이 이 방을 가로지른다고 가정하자. 빼빼라면 힘 안들이고 방을 빠져나갈 수 있다. 그러나 뚱뚱한 사람이라면 이리저리 부딪히며 힘겹게 나아갈 것이다. 만일 이 방에 동창들이 모여 있고, 당신이 몇 년 만에 모습을 나타냈다면 악수하고 껴안고 하다 방을 나서면 완전히 지쳐버릴 것이다. 방을 가득 채운 사람들이 바로 우주 공간에 퍼져 있는 힉스 입자이고, 방을 가로지르는 사람은 쿼크 등 다른 기본 입자에 해당한다. 지나가는 사람이 뚱뚱해서 자주 어깨를 부딪친다든지, 껴안고 반가워한다든지 하는 것은 힉스 입자와 기본 입자의 상호작용을 비유한 것이다. 각각의 기본 입자는 공간에 퍼진 힉스 입자와 상호작용을 하는데, 이 때문에 어떤 입자는 보다 쉽게 움직이고 어떤 입자는 움직이는 데 힘이 많이 들게 된다."

중앙일보 2002년 2월 18일자

---

(4) 비교와 대조

비교는 둘 이상의 대상 사이의 '유사점'을, 대조는 '차이점'을 드러내고 설명하는 방식이다. 비교와 대조를 사용할 때에는 서로 공통점이 있는 대상이어야 하며 적절한 기준을 바탕으로 설명해야 한다.

> 자유여행과 패키지 여행은 차이가 있다. 자유여행은 출발이나 목적지 모든 것을 여행자 스스로 결정해서 하는 것이고, 패키지 여행은 이미 짜여진 일정에 맞추어 따라가면 되는 것이다.

(5) 구분과 분류 그리고 분석

구분과 분류는 사물의 특성을 일정한 기준으로 나누거나 묶어서 설명하는 방식이다. 구분은 상위개념에서 하위개념으로, 분류는 하위개념에서 상위개념으로 이행해 가는 설명방법이다.

> 인공위성에는 군사용과 평화용이 있다. 군사용은 다시 첩보 위성과 위성 파괴 위성으로, 평화용은 통신 위성, 기상 관측 위성, 지구 자원 탐사 위성으로 나뉜다.

위의 예문은 구분의 예로 인공위성이라는 상위개념으로부터 하위개념으로 설명을 해나간다. 반대로 밑의 예문은 하위개념으로부터 상위개념인 인공위성으로 설명해나가는 분류의 예이다.

> 통신위성, 기상 관측 위성, 지구 자원 탐사 위성은 평화용으로, 첩보위성과 위성 파괴 위성은 군사용으로 살펴볼 수 있다. 이러한 평화용과 군사용 위성 모두 인공위성의 범주 안에 든다.

자주 혼동되긴 하지만, 분석은 구분이나 분류와는 조금 차원이 다르다. 분석은 어떤 사물이나 현상을 구성하는 요소들이 어떻게 이루어져 있는가를, 각 요소들의 특정 부분을 떼어내어 설명하는 방법이다. 고등학교 때 배웠던 소설의 3요소에서 인물, 사건, 배경으로 나눈 것이 그 예이다. 또한 분석은 동일한 대상이라도 시각과 관점에 따라 달라질 수 있다는 특징이 있다.

> 배는 줄기, 껍질, 과육, 씨, 기타 등으로 분석할 수 있다.(식물학자)
> 배는 수분, 당분, 비타민 등의 성분으로 분석할 수 있다.(영양학자)

실습예제 자신이 잘 알고 있는 대상을 골라 설명의 방법을 두 가지 이상 사용한 설명문을 작성하시오.

2. 연설하는 글

　　연설은 글쓰기보다 말하기에 더 가깝다. 그러나 연설은 즉흥적인 말하기가 아니다. 오히려 연설은 준비된 글쓰기가 바탕이 된 말하기라고 할 수 있기 때문에 우리도 살짝 공부해 보자.　어떤 연설이 사람들에게 깊은 인상을 주기 위해서는 먼저 좋은 연설문을 작성하는 것이 필요하다. 그렇다면 좋은 연설문을 쓰기 위해서는 어떤 준비가 필요할까? 첫째, 자료의 수집이다. 연설문 준비에서 가장 중요한 것은 자료를 잘 수집하는 것이다. 주제와 관련된 자료를 수집하면서 어떻게 주제를 드러낼 것인가를 깊이 생각해야 한다. 신문이나 방송 등 다양한 매체, 격언과 예문 등도 살펴보는 것이 좋다. 둘째, 청중을 분석해야 한다. 듣는 사람들이 어떤 사람들이고 무엇을 기대하고 있는지를 분석해야 좋은 연설문을 작성할 수 있다. 청중의 관심에 따라 연설의 효과가 결정되기 때문이다. 마지막으로는 말하기의 방법이다. 발음이나 소리의 강약, 그리고 강조해야 하는 부분 등을 생각해야 한다. 또한 주제는 잘 드러나고 있는지, 너무 장황하거나 지루한 표현은 없는지도 점검해야 한다.

tip

아리스토텔레스의 수사적표현 5가지 - 스피치 실행의 5단계

- **고안의 단계(invention)** : 어떤 것들을 말할 것인지 브레인스토밍한다.

- **배열의 단계(arrangement)** : 아이디어를 논리적 흐름에 맞게 구성한다.

- **스타일(style)을 정하는 단계** : 담담하거나 격하게, 유머러스하거나 비장하게, 간결히기니 장황하게, 주제와 청중을 고려해서 선택한다.

- **암기의 단계(memorization)** : 원고를 구어체로 작성해 키워드만 들고 말해보는 연습을 한다.

- **전달의 단계(delivery)** : 발음을 정확히 하고 잘 들리게 발성하고 속도와 퍼즐을 적절히 조정하면서 강약을 조절하고 군말을 자제한다 .

〈유정아의 서울대 말하기 강의 중에서〉

다음은 스티븐 잡스의 연설문이다. 이 글을 읽고, 감동을 주는 연설문이 갖추어야 할 요건에 대해 생각해보자.

스티븐 잡스 2005년 스텐포드대학 졸업식 연설문

오늘 세계 최고 대학 중 한 곳의 졸업식에 참석하게 되어 영광입니다. 나는 대학을 졸업한 적이 없습니다. 솔직히 오늘이 대학 졸업식에 가장 근접해본 것입니다. 오늘 저는 내 인생의 세 가지 이야기를 들려드릴까 합니다. 그게 전부입니다. 대단한 얘기는 아닙니다. 오직 세 가지 얘기일 뿐입니다.

첫 번째는 점을 잇는 것에 대한 얘깁니다.

나는 리드 대학을 6개월 다니다 관뒀습니다. 그러나 18개월간인가 대학 안에서 어슬렁거리다가 진짜 그만뒀습니다. 왜 그랬을까요?

이건 내가 태어나기도 전의 이야기입니다. 내 생모는 어리고 미혼이었던 대학생이었고, 나를 입양시키기로 했습니다. 그녀는 내가 반드시 대학을 졸업한 부부에게 입양돼야 한다고 생각했습니다. 그래서 태어나자마자 어떤 변호사 부부에게 입양되기로 약속돼 있었습니다.

그러나 그 변호사 부부는 마지막 순간에 "딸을 원한다."라며 마음을 바꿨습니다. 그래서 나의 양부모는 한밤중에 이런 전화를 받았습니다. "우리 부부는 원치 않는 아들을 낳았습니다. 이 아이를 입양하시겠어요?" 양부모님은 "물론이죠."라고 말했습니다.

나의 생모는 그러나 나의 양모가 대학을 나오지 않았고 양부는 고교도 나오지 않았음을 알았습니다. 생모는 그래서 입양서류에 사인하길 거부했습니다. 몇 개월 뒤 그녀는 나의 양부모로부터 나를 꼭 대학에 보내겠다는 약속을 받은 뒤에야 마음을 누그러뜨렸습니다.

그리고 17년 후 나는 대학에 갔습니다. 그러나 나는 순진하게도 스탠포드만큼 학비가 많은 대학을 골랐습니다. 그래서 노동자에 불과했던 나의 양부모의 저축은 내 학비로 다 지출됐습니다. 6개월이 지난 뒤 나는 그럴 가치를 느끼지 못했습니다. 나는 내 인생에서 무엇을 하고 싶은지 몰랐고 대학이 그 길을 찾는 데 뭘 해줄 수 있을지 알지 못했습니다. 그러면서 내 부모님이 평생 모은 돈을 써버리고 있었습니다. 그래서 나는 학교를 그만뒀고 그래도 괜찮을 거라 믿었습니다. 당시엔 좀 무서웠죠. 그러나 되돌아보면 대학을 관둔 것은 내가 평생 했던 결정 가운데 최고 중 하나였습니다. 학교를 그만두자 나는 흥미없는 필수과목을 듣지 않아도 됐습니다. 그리고 재미있어 보이는 과목들을 청강했습니다.

그런 생활이 낭만적이진 않았습니다. 나는 기숙사에 방이 없어서 친구들 방의 바닥에서 잤고 5센트짜리 빈 콜라병을 모아서 음식을 사먹었으며 헤어 크리샤 사원에서 주는 좋은 식사를 일주일에 한 번 얻어먹기 위해 11km나 걸어갔습니다. 그건 정말 좋았습니다. 그리고 그때 호기심과 직관을 따라가다 부딪친 것들은 나중에 값을 매길 수 없을 만큼 귀중한 자산이 됐습니다. 한 가지 예를 들어보죠.

당시 리드 대학은 미국에서 가장 뛰어난 서예 교육을 하고 있었습니다. 캠퍼스 내의 모든 포스터와 서랍에 붙은 레이블은 전부 서예로 만들어진 아름다운 글자들이었습니다. 학교를 관두고 정규 과목을 들을 필요가 없기 때문에 나는 서예 과목을 들었습니다. 나는 세리프체와 산 세리프체에 대해 배웠고 서로 다른 활자체들 간 공간을 다양화하는 방법을 배웠습니다. 그리고 무엇이 훌륭한 서체를 만드는가에 대해 알게 됐습니다. 정말 아름답고 역사적이며 예술적인 매력이 있었지만 그것은 과학이 발견하지 못하는 것이었습니다. 나는 완전히 매료됐습니다.

이것이 실제에 어떻게 적용될 수 있을지 희망을 주진 못했습니다. 그러나 10년 후, 우리가 첫 매킨토시 컴퓨터를 디자인할 때, 이 경험들이 다시 내게로 왔습니다. 우리는 맥 안에 이 모든 것을 디자인해 넣었습니다. 그것은 아름다운 서체를 가진 첫 컴퓨터가 됐습니다. 내가 그 대학의 전공을 그만두지 않았다면 매킨토시는 결코 그렇게 다양한 서체를 가지지 못했고 균형잡힌 폰트를 얻지도 못했을 겁니다. 윈도우즈는 매킨토시를 베꼈기 때문에, 어쩌면 PC가 그런 서체를 가지지 못했을 수도 있습니다. 학교를 그만두지 않았다면 서예 과목을 청강하지도 않았고, PC도 그런 서체를 갖지 못했을 것입니다. 물론 내가 대학생일 때 앞을 내다보며 이런 점들을 이을 수는 없었습니다. 그러나 10년 후에 되돌아보면 아주아주 뚜렷하게 점들이 이어지는 것을 볼 수 있습니다.

다시 한 번 말하지만, 미래를 내다보며 점들을 이을 수는 없습니다. 오로지 뒤를 보며 점들을 이을 수 있을 뿐이죠. 그러므로 여러분들은 그 점들이 언젠가 미래에 어떤 식으로든 이어질 것이라고 믿어야 합니다. 여러분들은 뭔가 확신을 가져야 합니다. 여러분의 배짱, 운명, 인생, 업(業), 뭐든지 말이죠. 이런 사고방식은 한 번도 나를 실망시키지 않았습니다. 그리고 내 인생을 변화시켜왔습니다.

두 번째 이야기는 사랑과 상실에 대한 것입니다.

인생에서 사랑할 일을 일찍 찾은 것은 저에게 행운이었습니다. 나는 스무 살 때 아버지의 차고에서 워즈와 함께 애플을 시작했습니다. 우린 열심히 일했고 10년 후 애플은 차고 속 단 두 명에서 20억 매출을 올리는 직원 4000명의 회사가 되었습니다. 그 전해에 우리는 매킨토시라는 훌륭한 제품을 내놓았고 나는 막 서른 살이 됐습니다. 그리고 나는 바로 해고됐습니다.

어떻게 내가 설립한 회사에서 내가 해고될 수 있는가? 글쎄요, 애플이 커가면서 우리는 회사 경영에 재능이 있어 보이는 어떤 사람을 고용했고 그 첫해에는 모든 게 괜찮았습니다. 그러나 그 다음에 미래에 대한 비전이 달라지기 시작했고 결국 갈라섰습니다. 그때 우리 이사회는 그 사람을 지지했습니다. 그래서 서른 살에 나는 쫓겨났습니다. 아주 공개적으로 쫓아냈죠. 성인이 된 뒤 내 인생 전체가 사라져버렸고, 그건 정말 황당하고 망연자실한 일이었습니다.

그 뒤로 몇 달간 나는 뭘 해야 될지 몰랐습니다. 나는 내 이전의 기업인 세대들을 내가 물러나게 했고, 그리고 그들로부터 받았던 바통을 또 넘겨준 것 같은 느낌이었습니다. 나는 데이빗 패커드와 밥 노이스를 만나 엉망진창으로 만든 모든 것을 사과했습니다. 나의 실패는 무척 공개적인 것이어서, 실리콘밸리에서 달아나고 싶을 정도였습니다. 그러나 뭔가 천천히 보이기 시작했고 내가 해왔던 것을 아직도 사랑하고 있구나 하는 걸 알았습니다. 애플에서의 일은 그걸 조금도 바꾸지 못했습니다. 나는 쫓겨났지만 아직 사랑하고 있었던 겁니다. 그래서 나는 다시 시작하기로 했습니다.

그땐 몰랐지만 애플에서 해고된 것은 지금껏 내게 일어난 일 중에서 최고의 일이었습니다. 그로 인해 성공이라는 무거움은 다시 시작한다는 가벼움으로 대체됐습니다. 물론 모든 것에 대해 확신도 적었죠. 그것은 나를 내 인생 최고의 창조적인 시기로 밀어넣었습니다.

다음 5년간, 나는 넥스트라는 회사와 픽사라는 회사를 시작했습니다. 그리고 지금의 아내가 된 정말 놀라운 여인과 사랑에 빠졌죠. 픽사는 세계 최초의 컴퓨터 애니메이션 영화인 토이스토리를 만들었고, 이제 세계 최고의 애니메이션 스튜디오 자리에 올랐습니다. 이런 굉장한 일들 속에서 애플은 넥스트를 인수했고, 나는 애플로 되돌아갔습니다. 그리고 넥스트에서 우리가 개발한 기술은 애플이 현재 누리고 있는 르네상스의 심장이 됐습니다. 그리고 로렌과 나는 정말 행복한 가족이 됐습니다.

나는 내가 애플에서 해고되지 않았더라면 이 모든 일들이 일어나지 않았을 거라고 확신합니다. 그건 정말 쓰디쓴 약이었지만 환자였던 내게는 정말 필요한 약이었던 것입니다. 때로 인생은 당신의 뒤통수를 벽돌로 때립니다. 믿음을 잃지 마세요. 나는 나를 전진시킨 유일한 힘이 내가 하고 있는 일을 내가 사랑했다는 점이라고 확신합니다. 여러분들도 사랑하는 것을 찾으세요. 연인을 찾을 때 진실하듯 일도 마찬가지입니다.

일은 인생에서 커다란 부분을 차지합니다. 그리고 당신을 만족시킬 수 있는 유일한 방법은 당신이 위대한 일이라고 생각하는 바로 그 일을 하는 것입니다. 그리고 위대한 일을 해내는 유일한 방법은 당신이 하는 일을 사랑하는 것입니다. 아직 그런 일을 못찾았다면, 계속 찾으세요. 안주하지 마세요. 그것을 찾았을 때, 당신의 심장이 그것을 알게 될 것입니다. 어떤 관계도 그렇지만, 시간이 지날수록 더욱 좋아질 것입니다. 그러니 그것을 발견할 때까지 계속 찾아다니세요. 주저앉지 마십시오.

세 번째 이야기는 죽음에 관한 겁니다.

열일곱 살 때, 나는 이런 식의 인용문을 읽었습니다. "만약 당신이 하루하루를 마지막 날처럼 산다면, 언젠가 당신의 인생이 분명히 옳은 삶이 될 것이다." 매우 인상적인 경구였고, 그로부터 33년간 매일 아침 거울을 보며 내 자신에게 묻습니다. "만약 오늘이 내가 죽기 전날이라 해도 나는 오늘 내가 하려 했던 일을 할까?" 그리고 그 대답이 "아니"였던 날이 너무 오래 계속되자, 나는 뭔가 바꿔야 한다는 걸 알았습니다.

내가 곧 죽을 것임을 기억하는 일은, 내가 큰 결정을 내려야 했을 때 가장 중요한 판단 기준이었습니다. 모든 외부의 기대들, 모든 자부심, 모든 공포와 참담함 또는 실패--이런 것들은 죽음 앞에서는 아무 것도 아니었기 때문에 정말 중요한 일만 남았습니다. 내 생각에 죽는다는 것을 기억하는 것은, 뭔가 잃을지 모른다는 생각의 덫을 피하기 위한 가장 좋은 방법입니다. 여러분들은 이미 발가벗었습니다. 마음이 시키는 대로 하지 않을 이유가 없습니다.

1년 전쯤 나는 암 진단을 받았습니다. 나는 오전 7시30분에 스캔을 받았고 췌장에 뚜렷한 종양이 보였습니다. 그때까지 나는 췌장이 뭔지도 몰랐습니다. 의사들은 내게 불치의 암이 거의 확실하다며 3개월에서 6개월을 못 넘길거라고 말했습니다. 내 주치의는 집에 가서 주변을 정리하라고 했죠. 그건 죽을 준비를 하라는 뜻이었습니다. 다시 말해 아이들에게 앞으로 10년간 말해줘야 할 것을 몇 달 동안 다 말해야 한다는 것이죠. 모든 걸 잘 정리해서 가족들이 사후처리를 쉽게 할 수 있도록 하라는 뜻이구요. 곧 완전한 작별이라는 뜻이었던 것입니다.

그날 나는 그 진단만 하루 종일 생각했습니다. 그리고 그날 저녁 나는 목으로 내시경을 넣어 위와 창자를 거쳐 췌장의 종양에서 조직을 떼어내는 검사를 받았습니다. 나는 침착했습니다. 그러나 의사의 설명을 들은 내 아내가 나에게 이렇게 말했습니다. "의사들이 난리가 났어! 수술하면 치료할 수 있는, 아주 드문 췌장암이래!" 나는 수술을 받았고, 이제 괜찮습니다.

이것이 내가 죽음에 가장 가까이 갔던 경험입니다. 그리고 앞으로 몇 십 년간도 그것이 유일한 경험이길 바랍니다. 그런 일을 겪었기 때문에 죽음을 유용하지만 순전히 지식으로만 알고 있을 때보다는 약간 더 확실하게 말해드릴 수 있습니다.

아무도 죽길 원치 않습니다. 죽어서 천국에 가고 싶어하는 사람들조차 그곳에 가려고 죽고 싶어하지는 않지요. 그러나 죽음은 우리 모두가 맞을 목적지입니다. 아무도 그로부터 피하지 못했죠. 그리고 죽음이야말로 삶의 가장 훌륭한 발명품이기 때문에 그래야만 합니다. 죽음은 삶을 교체해주는 매개입니다. 새로운 것을 만들어내기 위해 낡은 것을 거두어들이죠. 지금 이 시각, 새로움은 여러분들입니다. 그러나 멀지 않은 미래 언젠가, 여러분들도 차차 늙을 것이고 사라져갈 것입니다. 연극 같은 얘기여서 미안하지만, 진실입니다.

시간은 제한돼 있습니다. 그러니 남의 인생을 사느라 삶을 낭비하지 마십시오. 다른 사람들이 생각해낸 결과에 얽매어 사는 도그마에 갇혀있지 마세요. 다른 사람의 의견이 여러분 내부의 목소리를 잠식하도록 놔두지 마세요. 그리고 가장 중요한 것은, 자신의 가슴과 직관을 따르는 용기를 가지라는 것입니다. 가슴과 직관은 여러분이 진실로 무엇이 되고 싶은지를 이미 알고 있습니다. 나머지 모든 것은 부차적입니다.

제가 어렸을 적, 〈지구 카탈로그〉라는 굉장한 책이 있었습니다. 제 세대에게는 성경과도 같은 책이었죠. 그 책을 쓴 사람은 여기서 멀지 않은 멘로 팍에 사는 스튜어트 브랜드란 양반인데, 시적인 감성으로 그 책을 만들었습니다. 그게 1960년대 후반이니, PC도 있기 전이고 컴퓨터 출판도 없어 모두 타자기와 가위와 폴라로이드 카메라로 만든 책입니다. 어떻게 보면 책으로 만든 구글 같은 거라고 할 수 있는데, 구글이 나타나기 35년 전에 이미 나온 것입니다. 그 책은 무척 이상적이고 훌륭한 도구들과 굉장한 개념들로 가득찬 것입니다.

스튜어트와 그의 팀은 〈지구 카탈로그〉를 여러 판에 걸쳐 내놓았고, 모든 것이 완성됐을 때 최종판을 내놓았습니다. 그게 1970년대 중반이고, 그때 제가 여러분들 나이였습니다. 그 책 최종판 뒷 표지에는 무전여행 때 히치하이킹을 하곤 하는 이른 아침 시골길과 비슷한 길의 사진이 있습니다. 그 밑에 이렇게 써 있죠. "늘 배고프라. 늘 어리석어라(Stay Hungry. Stay Foolish)."

그것이 저자들의 마지막 메시지였던 것이죠. Stay Hungry. Stay Foolish. 그리고 나는 내 자신에게 늘 그렇게 소원했습니다. 이제 새 출발을 위해 졸업하는 여러분들께 이 말씀을 해드리겠습니다.

Stay Hungry. Stay Foolish.

감사합니다.

실습예제 인상 깊은 연설문을 찾아 읽어보고 그 연설문을 선택한 이유를 적어보자.

3. 논증하는 글

1) 논증과 논증문

　　논증은 사물의 옳고 그름을 밝히는 기술 방법으로 주어진 판단이 확실하며 개연성이 있음을 타당한 근거를 통해 입증하는 것이다. 논증문은 독자에게 자신의 주장을 바르게 이해시키고, 논리적 타당성을 인정하도록 설득하는 글쓰기 방식이다. 논증에서 가장 중요한 요소는 일관된 논리와 정확한 용어 사용이다. 그리고 논리를 전개할 때에는 공정한 논거를 합리적으로 활용하여 자신의 주장을 논리정연하게 표현하여야 한다. 따라서 되도록 비유나 지나친 감정적인 표현은 삼가는 것이 좋다.

2) 논증의 방법

(1) 명제

어떤 사실에 대한 자신의 의견이나 신념, 판단, 주장 등을 간단하고 명료한 언어적 표현으로 나타내는 것이다. 이러한 명제는 사실명제, 가치명제, 정책명제로 구분된다.

> ① 한국전쟁은 1950년에 발발했다.
> ② 사과는 배보다 건강에 좋다.
> ③ 학생은 책을 많이 읽어야 한다.

①은 사실명제이다. 사실명제는 사실의 옳고 그름을 판단하는 진술을 말한다. ②는 가치명제이다. 가치명제는 어떤 문제에 대하여 가치판단을 제시하는 진술이다. ③은 정책명제이다. 정책명제는 어떤 대상의 마땅함과 바람직함을 바탕으로 행위를 유도하는 진술이다.

(2) 논거

논거란, 논증의 근거나 자료, 추론의 토대로 논리적 근거의 확실성을 나타낸다. 이러한 논거는 크게 사실논거와 소견논거로 나뉜다. 사실논거란 누구나 믿는 확실한 사실이나 객관적·보편적으로 인정할 만한 구체적 사실로 이루어진 논거이다. 소견논거란 의견논거라고도 하는데 신뢰성 있는 권위자나 전문가의 의견을 논거로 제시하는 것이다.

(3) 추론

추론이란 알고 있는 하나 또는 둘 이상의 전제로부터 하나의 결론을 이끌어 내는 과정을 말한다. 추론의 방식은 다양하지만, 여기서는 가장 일반적으로 사용되는 3가지만을 살펴보고자 한다.

① 연역법

이미 알고 있는 보편적이고 일반적인 명제를 전제로 특수하고 개별적인 새로운 명제를 이끌어 내는 것을 말한다.

> 모든 사람은 죽는다.(대전제)
> 세종대왕은 사람이다.(소전제)
> 그러므로 세종대왕은 죽는다.(결론)

이러한 연역법은 전제가 잘못되면 추론 과정이 정당하더라도 결론이 잘못된다는 특징을 가지고 있다.

② 귀납법

구체적이고 개별적인 사례에서 일반적이고 보편적인 원리를 이끌어 내는 추론 방법이다.

> 세종대왕은 죽었다. 공자도 죽었다.
> 세종대왕과 공자는 사람이다.
> 그러므로 사람은 죽는다.

귀납법은 경험에 의존하는 경우가 많아서 경험하지 못한 새로운 진리가 발견되면 결론 자체가 뒤집어질 수 있다는 한계를 가진다.

③ 유추

유비추리의 준말이다. 두 개 또는 그 이상의 현상들이 어떤 속성이나 체계 등이 비슷하거나 일치할 때 다른 나머지 것도 비슷하거나 일치할 것이라고 추리하는 과정이다.

> 김소미의 외모는 젊었을 때 나의 어머니와 비슷하다. 그러므로 김소미도 엄마처럼 요리를 잘 할 것이다.

(4) 오류

어떤 판단이나 추리가 논리적으로 따져보면 결국 '옳지 않다'라는 것으로 판명될 때 이를 오류라고 한다.

① 성급한 일반화의 오류

부적합한 증거나 적은 예 또는 대표성이 없는 사례를 근거로 일반화하는 오류

> 우리나라 속담에 하나를 보면 열을 안다고 했다. 너의 행동을 보니 형편없는 아이구나.

② 군중에 호소하는 오류

대중심리를 자극하여 설득하는 오류

> 세계의 모든 여성이 쓰고 있는 화장품이니 나에게도 필요한 화장품일거야!

③ 부적합한 권위에 호소하는 오류

논지와 직접적인 관련이 없는 권위자의 견해로 설득하는 오류

> 이 화장품은 피부에 매우 좋습니다. 피부 미인 김태희도 이 화장품만 씁니다.

④ 인신공격의 오류

상대방의 인품이나 직업, 과거 등을 비판하는 오류

> 이광수는 친일작가이므로 그의 작품들은 읽을 가치가 없다.

⑤ 논점일탈의 오류

논점과 관계없는 것을 제시하는 오류

> 너희는 왜 텔레비전 프로그램 때문에 싸우니? 빨리 들어가서 공부해!

⑥ 감정에 호소하는 오류

동정이나 연민 또는 공포의 감정으로 설득시키려는 오류

이 돈을 내일까지 갚지 않으며 죽을 줄 알아!

⑦ 인과추리의 오류

단순한 시간적 선후관계를 인과관계로 연결시키는 오류

어제 선우와 숙경이가 데이트 했지? 어제 선우가 카페에 들어간 지 15분 후에 숙경이가 들어간 것을 내가 봤어.

⑧ 양분법적 오류

흑백논리가 개입된 오류

은미가 내 부탁을 들어주지 않았으니 나를 싫어하는 것이 틀림없어.

⑨ 부분과 결합의 오류

부분의 속성을 전체가 가진다거나 전체의 속성을 부분이 가진다는 오류

3학년 1반의 철호는 전교에서 1등을 했다. 그러므로 3학년 1반은 전교에서 가장 우수한 반이다.

⑩ 유비추리의 오류

유추를 부당하게 적용하는 오류

컴퓨터와 사람은 비슷한 점이 많다. 그러므로 컴퓨터도 사람처럼 감정이 있을 것이다.

다음은 '의사소통의 단절'이라는 주제로 학생이 쓴 글이다. 함께 읽어보자.

현대사회에서 의사소통의 단절은 가장 심각한 사회문제 중 하나로 제기된다. 그런데 일부에서는 아파트와 공공주택의 보급이 그 원인이 된다는 주장이 설득력을 얻고 있다. 프라이버시를 중시하는 주거문화가 서로 간의 왕래를 차단하여 소통을 단절시킨다는 주장이다. 또한 통신기기의 발달 역시 면대면의 소통을 차단하여 이러한 현상을 부추긴다는 것이다.

그러나 이는 과도한 해석이다. 주거방식은 한 사회의 문화를 바라보는 중요한 척도이지만 그것이 절대적일 수는 없다. 오히려 이것은 의사소통의 단절이라는 문제를 둘러싼 여러 가지 사회적 모순을 침소봉대하는 것에 불과하다. 또한 아파트라는 공간 안에서도 오히려 소통은 능동적으로 일어나고 있다. 각종 동호회나 부녀회 등을 통해 친목도모가 이루어지고 있으며, 공공의 목소리로 사회적 참여의 폭을 넓혀나가는 예가 적지 않다.

디지털 통신기기 역시 마찬가지이다. 타인을 대면하는 횟수는 줄었을지 모르지만, 그렇다고 해서 교류가 단절된다고 판단하기는 어렵다. 오히려 젊은 세대는 통신매체를 통해 더 많은 인간관계를 형성하고, 이전보다 더 쉽게 사회적 참여의 폭을 넓혀나간다. 최근 트위터 등의 소셜 네트워크를 통해 타인과의 소통은 더 능동적이고 쉬워졌음을 기억할 필요가 있다.

따라서 현대인의 의사소통 단절을 아파트라는 주거문화나 디지털 통신기기의 발달을 원인으로 지적하는 데는 무리가 있다. 보다 엄밀히 말하면 끊임없이 환기되는 소통의 단절이라는 문제 자체가 너무 확대 해석된 측면이 있다. 삶의 방식이 바뀌면서 소통의 방식도 달라졌을 뿐이다.

〈학생 글〉

위의 학생 글이 가진 문제점을 지적하고, 이를 올바르게 고쳐서 다시 써보자.

제8강 일상생활에서 접하는 실용문들

1. 비평문

인터넷이 발달하면서 정치, 경제, 사회, 문화, 예술 등 거의 전 분야에 대하여 네티즌들의 비평의 글들이 쏟아지고 있다. '비평의 시대'를 살고 있다고 할 만큼 실시간으로 각종 분야에 대한 평가가 이루어지고 있는 것이다.

비평이란 사물의 옳고 그름, 아름다움과 추함 따위를 분석하여 가치를 논한다는 정의처럼 어떤 대상이나 사회에서 일어나는 현상에 대하여 분석하고 판단하여 평가를 내리는 것이다. 그러므로 비평문은 보다 복합적이고 깊이 있는 의식의 작용에서 나오는 글쓰기라 하겠다. 비평적 글쓰기는 그 분야의 전문가가 쓴 학술적인 글도 있지만 요즘에는 자신의 견해를 나타내는 대중적인 글도 많이 볼 수 있다. 우리는 책과 영화 그리고 각종 전시회에 대한 비평의 글들을 개인 블로그나 미니홈피에서 쉽게 찾아볼 수 있다. 그럼 대중화된 비평적 글쓰기는 어떻게 해야 하는가?

비평문을 작성할 때에는 먼저 왜 그 작품을 선택했는지를 밝히고 주제를 제시하여야 한다. 그리고 대상의 내용을 설명하고 이해시키며 그것을 해석하고 평가해야 한다. 끝으로는 비평의 대상이 가지는 의미와 전망을 제시하는 것이 좋다.

1) 서평과 영화평

대중적인 문화비평에서 가장 많은 부분을 차지하는 것은 서평(書評, Book review)과 영화평이다. 자신이 읽은 책에 대한 소개와 평가 그리고 감상한 영화에 대한 평가는 주변에서 쉽게 찾을 수 있다. 우리가 쉽게 접하는 문화체험이라 누구나 서평과 영화평을 쓸 수 있다고 생각하는 경우가 있다. 보고 느낀 것을 쓰면 된다고 생각하는데 이것은 감상의 차원에 머무르는 것이다. 서평과 영화평을 쓸 때에도 비평문이 가지고 있는 특징을 생각하고 작성해야 한다.

서평과 영화평에서는 일반적으로 내용과 작품의 장·단점을 제시하고 그것의 의의와 가치를 평가해야 한다. 서평은 감상문하고는 다르게 정확하고 객관적으로 서술하는 것이 일반적이다. 그러기 위해서는 책의 내용을 충분히 읽고 깊이 있게 이해하여야 한다. 영화도 마찬가지이다. 그러나 영화는 종합 예술 분야이기 때문에 기술적이고 전문적인 이해와 평가도 함께 드러나야 한다. 주의해야 할 점은 객관적이고 공정한 입장에서 평가하여야 하며 과장된 평가나 편견을 가진 관점은 지양해야 한다는 것이다. 다음 서평을 읽고 올바른 비평의 자세를 생각해보자.

재미없는 세상과 재미있는 이야기 – 문화자본과 구별짓기

요즘 소설 문단의 주요 특징 중의 하나는 아마도 다양한 소설이 넘쳐난다는 점일 것이다. 그렇게 넘쳐나는 이유는 여러 가지가 있겠지만, 이를테면 문예 잡지의 수가 늘어났다든지 아니면 좋은 작가들이 넘쳐났다든지, 그 중 한 가지 이유는, 아마도, 문화의 개념이 확장되고 심화된 것과 관련이 있을 것이다. 문화의 개념이 이처럼 확장되고 심화된 데에는 문화연구라고 하는 학문의 발달이 큰 공헌을 했다. 문화연구는 문학 텍스트 또는 문화 텍스트가 이상적인 그 어떤 것을 고양시키는 역할을 할 것을 요구하는 담론을 말한다. 이상적인 그 어떤 것은 인간의 삶을 고양시킬 수 있는 능력을 포함하고 있는 문화 행위를 말한다. 따라서 고급 문화 중심일 수밖에 없는 담론이다. 그러나 이런 문화의 개념에 의문을 제기한 것이 바로 문화 연구이다. 문화 연구는 문화의 개념을 확장시켜 삶의 모든 방식을 문화라 보고 모든 텍스트가 이런 삶의 모든 방식을 담지하고 있는 것으로 파악한다. 이런 문화 개념의 변화에 따라서, 텍스트의 경계, 이를테면 대중 문학과 고급 문학 등의 경계를, 또는 장르간의 우열이나 경계도 인정하지 않는 것이 문화 연구의 일반적인 추세가 되었다. 달리 말하자면, 문화의 개념은 집단적 차원으로부터 개인적 차원으로 이동을 했다고 볼 수 있다. 즉 집단적인 가치를 추구하기보다는 개인적 가치를 소중히 여기는 차원으로 관점을 이동한 것이다. 따라서 집단적 차원의 문화 개념은 경계의 대상, 또는 조롱의 대상이 된다. 이렇게 되다보니, 가벼운 이야기를 통해, 진지한 문제에 접근하는 일련의 문학적 현상을 가져왔고, 이는 새로운 감수성이라는 일종의 문학적 혁명을 우리에게 던져주었다. 이런 새로운 흐름의 중심에 있는 작가로는, 아마도, 성석제와

이만교, 그리고 최근에 등장한 박민규 등을 들 수 있을 것이다. 이들 세 작가 소설의 공통적 특징은 일단 경쾌하고, 가볍고, 재미있다는 데 있을 것이다. 재기가 넘치는 소설들인 것이다. 비록 2000년대 소설의 흐름에 어떤 공통된 시대적 흐름이 없다는 지적도 있지만 - 주제나 소재 면에서의 다양성을 그런 공통된 시대적 흐름이 없다는 것과 관련을 지으려는 태도는 사실 이상하지만 - 그런 가운데에서도 우리는 1990년대 중반 이후 지금까지 지속적으로 나타나는 하나의 흐름을 잡을 수가 있는데, 그것은 그 동안 문학에서 주변부로 취급했던 소재들을 경쾌한, 그야말로 경묘한, 방식으로 취급하는 일군의 소설들의 등장과, 보잘것없는 쓸쓸한 인생들을 어둡지 않고, 밝은 톤으로 그리는 방식의 소설가들의 등장이 그것이다. 그렇다고 그저 재미있기만 한 것은 아니고, 그 경쾌함 뒤에는 언제나 그리 만만치 않은 주제 의식과 문제의식이 엿보인다. 물론 이들이 자신들의 작품을 통해서 그 주제 의식과 문제의식에 어울리는 심도 깊은 답을 내어놓느냐 하는 것은 별개의 문제이지만, 의미 있는 것은 그와 같은 글쓰기 방식으로 주제 만만치 않은 주제 의식과 문제의식을 보여주었다는 점이다.

성석제, 이만교, 박민규 중에서 요즘 세간의 화제를 모으고 있는 작가는 단연 박민규라 하겠다. 이 글에서는 성석제에 대해서 간단히 언급하고(이만교까지 이야기하기에는 지면이 너무 좁다), 박민규를 중심으로 - 더구나 박민규는 인천을 연고로 한 삼미 슈퍼스타즈 프로 야구팀을 소재로 한 소설을 썼고, 이 잡지가 인천의 잡지란 점을 상기하자 - 이런 문화 현상에 대해 살펴보고자 한다. 최근 소설을 중심으로 보는 것이 좋을 듯한데, 성석제의 「내 고운 벗님」(『문학판』, 2003 여름)과 박민규의 『삼미 슈퍼스타즈의 마지막★팬클럽』(한겨레 신문사, 2003)을 살펴보기로 하자.

성석제의 「내 고운 벗님」은 권력자로 여겨지는 인물의 출현에 황송한 나머지 경쟁적인 아부를 하고, 이로 인해 작은 소동을 불러일으키는 시골 촌놈들의 이야기이다. 이 소설 역시 성석제가 그 동안 보여주었던 다른 소설들과 크게 다르지 않다. 기발한 상황 설정과 상상력, 예상치 못한 반전으로 인한 통쾌한 웃음, 따뜻한 웃음을 불러오는 풍자, 요설에 가까운 입담 등이 그것이다. 또한 중심인물들 역시 우리 사회의 주변부를 형성하고 있는 계층에 속한 인물들이다. 이들이 펼치는 질펀한 이야기는 끊임없이 다음 이야기를 궁금하게 만드는 매력이 있다. 군대에서 퇴역한 예비역 중사 이장천이 사는 장안이라는 곳에 이장천이 군 시절 상관으로 모시고 있던 대위(조관석)로부터 낚시를 하러 내려오겠다는 전갈을 받는다. 늘 대위를 존경하던 이중사는 그만 대위를 잘 모셔야한다는 생각에 정신을 못 차린다. 그런데 존경하는 이유라는 것이 실은 좀 우스운데, 그것은 대위가 정확히 무엇인지 알 수는 없지만, 중요한 기관에 소속돼 있고, 또 중요한 일을 한다는 점 때문이다. 중사는 자신이 군 시절 데리고 있었던 예비역 병장 장사장에게 - 그는 낚시점을 운영한다 - 도움을 청한다. 장안이라는 곳은 "전혀 앞뒤를 분간할 수 없고 골자가 무엇인지 종잡을 수 없는, 특유의 분위기"(280면)를 갖고 있는 곳이다.

중사의 주변 사람들은(김전파, 최오백냥, 김목공 - 직업과 관련해서 서로 부르는 이름이다) 대위밖에 안 되는 사람이 뭐 대단 하느냐는 핀잔을 중사에게 던진다. 중사는 무기거래 사업을 하는 대위가 실무를 맡고 있다는 점을 강조한다. 예비역 병장 장사장과 또 다른 낚시점 주인 '정통 낚시'점 주인 정사장의 도움을 받아 중사는 대위를 극진히 모신다. 사실 정사장은 장사장이 낚시점을 열기 전, 장안의 낚시계를 휘어잡고 있었던 인물이다. 대위 역시 장안으로 내려오자마자 곧바로 낚시터로 향한다. 그러나 잠도 낚시터에서 자면서 낚시를 하지만, 떡붕어는 잡히지 않는다. 계속 잡히지 않자, 장사장과 정사장은 묘안을 짜낸다. 대위 몰래 밑밥을 뿌려놓고 고기를 모으려는 계획을 세우지만, 뜻밖에도 고기는 정사장의 낚싯대에만 걸려들고, 대위의 낚싯대에는 입질조차 하지 않는다. 대위는 인내심을 발휘하면서 이 상황을 견뎌낸다. 이런 대위를 동네 사람들은 조용히 속으로 비웃는다. 동네 사람들은 대위의 허상을 이미 파악하고 있는 것이다. 그러나 마침내 대위는 낚시의 비밀과 인생의 비밀을 알아낸 듯, "낚시는 말이야, 친구. 조건이야. 낚시는 조건. 이게 내가 낚시에 대해 깨달은 거야"(299면)와 "인생은 조건이다. 인생은 조건. 인생은 조건이란 말이다"(300면)라는 말을 미친놈처럼 쏟아내고 바람같이 사라진다. 그 사이 낚싯대가 물에 떠내려간다. 낚시에서 중요한 것은 아마도 낚싯대일 텐데, 낚싯대가 떠내려가는 것도 모르고 깨달은 것이 바로 인생의 모든 것이 조건이란 점을 깨달은 것이다. 이 조건이란 것이 현대 사회에서는 무엇일까? 그것은 아마도, 부르디외가 설파한 것처럼, 다른 것들과 자신을 구별짓는 문화 자본이 아닐까. 이 문화 자본은, 그 성격상, 대상 그 자체보다는 대상을 둘러싼 소속이 더 중요하게 되는 것을 보장해준다. 이 문제는 박민규 소설을 다루면서 다시 좀 더 상세하게 이야기하자.

박민규의 『삼미 슈퍼스타즈의 마지막★팬클럽』도 역시 쉽게 읽히는 책이다. 이 소설은 장편소설이니 길게 이야기를 해야만 한다. 보잘것없고 하잘것없는 인생을 가볍게 그린 소설이다. 삼미 슈퍼스타즈란 프로 야구팀 이야기를 통해 오늘날 삶의 문제점에 대해 접근하고 있다. 중산층, 소속, 프로, '우리' 등과 같은 가볍지 않은 주제를 재미있는 이야기로 가볍게 접근한다. 삼미 슈퍼스타즈는 프로야구 초창기에 생겼다가 사라진 팀으로, 형편없는 전적과 실력으로 유명한 팀이다. 주인공 '나'의 어린 시절 프로야구가 생긴다. '나'는 인천에서 살고, 프로야구팀, 구체적으로 말하면 삼미 슈퍼스타즈에 목숨을 걸고 산다. 소설의 시작은 1982년 국민학교 졸업을 앞둔 12살 어린 소년인 '나'로부터 시작해서, 프로 야구장에서 끝내 사라진 삼미 슈퍼스타즈라는 프로 야구팀의 팬클럽을 재건하는 것으로 끝난다. 나의 인생은 어린 시절부터 '구별짓기'의 인생이다. 중학교로 진학을 위해 교복을 맞추러 간 나의 아버지는 값이 비싼 '엘리트' 학생복을 고집한다. 알파벳을 외운다고 자랑하는 아버지에게 교복사 사장은 "알파벳을요? 진짜 엘리트 입어야겠네!"(24면)라며 다른 학생과 나를 구별한다. 교복을 맞춘 아버지와 아들은 그 비싼 '회'를 먹으러 간다. 그곳에서 아버지는 인생의 비결을 알려주는 듯이 "경쟁은 이제부터 시작이다"(29면)라는 말을 아들인 나에게 건넨다. 야망을 가지라는 의미이다. 소년은 야망을 가질 수밖에 없다. 나는 벌써 삶이란 것이 힘든 것이라는 것을 깨닫는다. 엘리트 학생복은 다른 시장 제품과 구별이 되는 제품이다. 현대 사회에서 구별이란 무엇인가? 부르디외의 말을 빌자면, 문화자본의 습득이야말로 현대사회에서의 구별을 가능하게 해주는 진정한 자본의 축적이 이루어지는 단계이다. 문화자본을 가장 쉽게 얻을 수 있는 방법은 공적 교육제도에 순응하는 길이다. 현대사회에서 경쟁력 역시 문화자본의 습득 여부가 중요한 관건이 된다. 왜냐하면 문화자본은 곧 경제 자본으로 쉽게 전용이 되기 때문이다. 이 사회가 자본주의 사회라는 점을 상기할 필요가 있다.

마침내 프로 야구가 시작된다. '나'가 그토록 믿었던 삼미 슈퍼스타즈는 - 너무 믿은 나머지 최초의 팬클럽에도 거금 5,000원 내고 가입을 한다 - 프로 야구팀들 가운데 꼴찌를 한다. 야구와 함께 프로의 시대가 한국에서 시작된 것이다. 작가가 보기에 프로라는 개념이 한국사회에 도입된 것은 프로 야구의 도입과 그 시기를 같이 한다. 한국 사회에 미친 이 프로의 의미는 무엇일까? '나'는 이 프로란 것이 구별짓기의 의미에 가깝다는 것을 야구와 관련한 사건에서 체득한다. 삼미 슈퍼스타즈가 꼴찌를 거듭하자 팬클럽 회원들 간에 갈등이 생긴다. 갈등의 주요 원인은 삼미 팬클럽 회원 일부가 OB베어즈 팬클럽에 가입을 하면서 배신 사건이 발생한 것인데, 더 중요한 점은 베어즈 팬클럽에 가입한 아이들이 인천 지역 부평에 거주하는 아이들이라는 점인 것이다. 인천 지역 사람들에게 부평지역은 인천도 아니고 서울도 아닌, 그러나 인천보다는 서울에 더 가까운 지역으로 인식되는 곳이다. '나'는 "부평도 아닌, 바로 인천에서 살고 있었"기 때문에 "더욱 외로웠"다 (75면). 자신도 모르게 구별짓기에 의해 자신의 사회적 정체성이 확립된 것이다. 부평과 다른 인천은 다시 차분하고 수수한 도시가 되어 버렸던 것이다. 그곳에 사는 사람도 부평에 사는 사람들과 달리 수수한 사람이 되어버리고 만 것이다. 프로 야구와 함께 프로란 개념이 한국 사회에 본격적으로 도입되었고, 이 프로란 개념 역시 사람들을 프로와 아마추어로 구분짓기 시작한다. 이 구분짓기는 사람들의 삶을 오히려 괴롭힌다. 즉 프로만이 살길인 것이다. 프로가 안 되면 죽을 수밖에 없다는 아득한 느낌이 사람들의 삶을 휘감았던 것이다. 이 구분짓기는 단순히 프로 야구만의 문제가 아니라, 한국 사회의 삶의 구조를 근본적으로 변혁시켰던 것이다. 프로 세계의 특징은 무엇인가? 그것은 바로 약육강식의 세계인 것이다. 「동물의 왕국」의 삶을 인간의 삶에 적용시킨 친환경주의적 사고(77면)야말로 프로의 세계인 것이다. 심지어 이삿짐센터 직원도 프로를 강조한다(153면).

이런 프로 같지 않은 프로팀, 아마추어 같은 팀 삼미 슈퍼스타즈는 1983년 전기와 후기에 2위를 기록한다. 그러나 세상의 모든 것은 본래 위치로 돌아오기 마련이다. '운명'처럼 벗어날 수 없는 자신만의 위치가 있는 것이다. 이것이 구분짓기의 본령이 아닐까? 구조화된 삶 속에서 벗어날 수 없는 구분짓기를 당하는 것이 결국은 우리의 삶이 아닐까? 삼미 슈퍼스타즈는 84년 결국 다시 꼴찌를 한다. 삼미 슈퍼스타즈는 그 본령은 아마추어적이었기 때문에 프로 무대에서 사라져 역사 속으로 들어간다. 3위와 4위를 기록한 MBC 청룡(눈코 뜰 새 없이 노력한 삶으로 비유됨)과 해태 타이거즈(무진장 노력한 삶으로 비유됨)는 한국 사회에 도입된 새로운 개념과 깊은 관련을 맺는다. 바로 중산층이다. 한국 사회에서 중산층의 의미는 무엇인가? 바로 평범함의 기준이 된다. "무진장 노력하고, 눈코 뜰 새 없이 노력하는 결코 평범하지 않은 사람들이"(128면) 중산층이 되는 것이다. 사람들은 이 계층에 속하기 위해서 자신의 삶을 걸고 일해야만 하는 것이다. 프로의 타자 개념으로서의 중산층이 성립된 것이다. '나'는 마침내 인생의 비밀을 깨닫는다. 삼미 슈퍼스타즈 팬클럽에 속한 '나'와 OB나 삼성 팬클럽에 속한 다른 소년들과의 차이점은 무엇이었는지 그 비밀을 깨닫는 것이다. 소속이 문제였던 것이다. '소속이 인간의 삶을 바꾼다'(130면)는 인생의 비밀을 깨달아 버린 것이다. 현대사회에서, 자본주의 사회에서 소속은 무엇인가? 그것은 바로 문화자본이고, 이 문화자본의 특성은 구조화된다는 점이다. 구조화된 삶에서 일단 한 번 소속이 정해지면, 이 소속에서 빠져 나오기도 어렵고, 이 소속이 갖고 있는 모든 문화적 상징까지도 유산처럼 물려받을 수밖에 없는 것이다. 이 소속을 결정짓는 가장 강력한 제도는, 부르디외가 주장한 것처럼, 학교제도인데, '나'는 이 점을 깨닫고 '좋은 대학'에 가야겠다고 굳은 결심을 한다. 이 좋은 대학이란 제도는 그 자체가 이 사회에서는 일종의 상징 자본이고 상징 폭력을 행사할 수 있는 제도이다. 이런 시스템은 사회 행위자들과의 일종의 공모 관계에 의해 발생하는 사물의 질서라고 볼 수 있다. 좋은 대학은 이런 상징 자본을 획득할 수 있는 가장 확실한 지름길인 것이다.

고등학생이 된 '나'는 6월 항쟁의 우리와 대통령 선거일 '우리'는 결코 같지 않음을, 교육의 목표 역시 소속을 가리는 일임을 깨닫고 학업에 매진한다. 그 결과 일류대 경영학과에 진학한다. 그러나 그 일류대에서조차도 소속의 콤플렉스는 존재했는데, 출신의 소속이 그 비밀이었다. 인간은 평등할 수가 없는 것이다. 평등이란 개념은 근대의 산물인데, 사실은 그 이면에 불평등을 이미 내포하고 있고, 평등이란 거짓으로 불평등이란 진실을 가리고 있는 것이다. 인생의 비밀을 알아버린 '나'는 자취를 결심하면서 마침내 삼미 슈퍼스타즈 팬클럽 가입시 받았던 야구 관련 용품들을 버린다. 용품을 버린 것은 결국 '나'가 근대적 삶에 충실하게 살아가겠다는 것을 의미한다.

홍대 앞 카페에서 - 이 카페에서 나는 문화자본의 핵심을 이루는 '취향'을 위해, 예술 자본을 위해 음악을 가슴이 아닌, 암기에 의존해서 머리로 배운다 - '나'는 아르바이트를 하면서 여자를 만나게 되고, 사랑하고, 마침내 헤어지고, 군대를 가고, 제대하고, 무사히 대기업에 취직을 한다. 그리고 곧 IMF를 만나고 실직 당한다. 이혼도 한다. 바로 그 때 일본으로 가버린 절친한 친구(삼미 슈퍼스타즈 팬클럽 회원이며, 끝까지 배신을 하지 않은 친구) 조성훈이 나타나 '나'의 삶에 끼어든다. '나'는 실직을 당할 때까지 구조조정 과정을 어떻게 하든지 피해갈 생각으로 안간힘을 다하지만, 뜻대로 되지 않는다. 아내가 사라진 아파트에 들어와 같이 살게 된 조성훈은 '나'를 보고 "어쩌다 ...... 프로 따위가 된 거지?"(222면)라며 비웃는다. 그 말은 그의 아내가 평소에 자주 그에게 하던 말이었다. 실의에 빠져 있던 '나'에게 조성훈은 삼미 슈퍼스타즈를 재건할 계획을 제시한다. 그 불가능한 일이 가능한 일은 또 다른 삶의 비결인 "세계는 구성되어 있는 것이 아니라, 자신이 구성해 나가는 것이었다"(242면)라는 점을 깨달았기 때문이었다. 이 비결은 소속의 힘에 저항할 수 있는 힘을 '나'에게 준다. 프로와 아마추어로 분류한 세상에서 자신을 지켜나갈 수 있는 힘인 것이다. 조성훈은 꼴찌 인생이 무엇인지 보여주었던 삼미 슈퍼스타즈에 대해 새로운 해석을 하면서 '나'를 새로운 세계로 이끈다. 정부가, 아니 미국이 주도하는 강대국이 구상하는 새로운 세계질서, 좀 더 거창하게 말하자면 근대성이 지금까지 구상해왔고, 앞으로도 구상해 나갈 목표인 전 세계의 프로화의 음모를 이해하고 그런 세계 질서에 저항하는 방법을 조성훈으로부터 '나'는 배운다. 프로의 세계는 약육강식의 세계이고, 프로는 쉬지 않고, 잠들지 않는다. 그 결과 프로만이 살아남는다. 조성훈이 보기에, 삼미는 이런 시스템에 저항을 하려고 일부러 꼴찌를 한 팀이다. 삼미만이 프로 야구의 활성화에 찬물을 끼얹는 용기를 보여주 었다는 것이다. 그리하여 마침내 5승 35패 승률 0.125라는 참혹한 성적을 내는 개가를 올렸던 것이다. 심지어 노히트노런까지도 당했다는 것이다, 일부러. 자신만의 야구를 완성한 것이고, 자신만의 인생을 완성한 것이었다. 자신만의 야구란 "치기 힘든 공은 치지 않고, 잡기 힘든 공은 잡지 않는다"(251면)라는 명제를 실천하는 야구이다. 이는 달성하기 참으로 어려운 일이었 는데, 왜냐하면 프로라면 모름지기 우승을 목표로 뛰기 때문이었다. 결국 삼미 슈퍼스타즈는 우리에게 근대적 삶의 문제점을 몸으로 알려주었던 야구팀이었던 것이다.

조성훈과 '나'는 일단 삼미 슈퍼스타즈 팬클럽을 재창단하기로 결심한다. 그렇게 결심하자, 노력을 하지 않았는데도, 여름 내내 방바닥을 뭉개며 살았지만, 도합 10명의 클럽이 완성된다. 물론 모두 사회의 주변적인 인물들이었다. 이들은 즐겁게 연습을 하고, 마침내 프로 올스타즈팀 으로 불리고 싶어하는 동호회팀과 경기를 갖는다. 이들은 승리를 위한 야구가 아니라, 2루타성 타구를 잡으러 갔다가 그만 들꽃이 너무 아름다워서 바라보다가 공을 던지는 것을 잊을 정도로 삼미 슈퍼스타즈 야구 정신에 충실한 야구를 한다. 이런 행위 모두 진정한 야구를 복원하기 위한 것이다. 재미없는 세상에서 우리의 진정한 삶을 복원하기 위한 것이다. 성석제의 「내 고운 벗님」에서도 대위가 떠나가자 동네 사람들은 - "가줘서 고맙네요잉. 그새끼. 미쳤어도 가주니 참말로 고맙지라."란 대사에서 알 수 있는 것처럼 - 마음이 편안해진다. 대위가 떠나자 동네 사람들의 삶은 다시 회복된다. 본연의 삶이 회복된 것이다.

〈임병권〉

최근에 읽은 책이나 본 영화 중에서 하나를 골라 작품에 대해 평가하는 글을 써보자.

2) 전시회 평

미술 전시회 등을 보고 비평적 글쓰기를 할 때 가장 중요한 것은 주제를 정하는 것이다. 그리고 작품을 이해하고 해석할 수 있는 맥락을 찾는 것이 필요하다. 어떤 작품을 선택할 것인지, 공통점은 무엇인지 꼼꼼하게 살펴보아야 한다. 개인전인 경우에는 작가의 경향이나 시기적 특성도 알고 있어야 한다. 실제로 글을 쓸 때에는 자신의 언어로 표현하는 것이 바람직하다. 전시된 작품이 어떻게 읽혀지는지 독자들에게 생생하게 전달하기 위해서이다.

여성들을 위한 작은 위로

〈워킹 맘마미아〉展을 보고...

"여자는 태어나는 것이 아니라 만들어지는 것이다." 1949년 보봐르의 『제2의 성』에서 나온 말이다. 여자로서 태어나는 것보다 사회·문화적으로 만들어지는 여성에 대한 깨달음의 외침이다. 그런데 이 외침은 60여년이 지난 지금까지도 여전히 진행 중이다.

1960년대 이후 우리나라는 근대화계획에 따라 여성의 출산을 통제하고, 자본주의 경제성장을 위해 그들을 노동력 생산의 일꾼으로 재편한다. 여성은 집안에서 아이를 낳고 양육하면서 남편을 내조하는 현모양처 역할에, 사회의 일꾼으로서 경제발전에 일익을 담당하는 여성노동자로서의 삶이 첨가된 것이다. 그러면서 여성에게는 집안의 일과 집밖의 일을 완벽하게 해낼 수 있다는 슈퍼우먼 신드롬을 주입시킨다. 또 여성은 생산과 양육 그리고 경제 활동의 중심이라며 국민으로서 여성의 역할을 강조한다. 집밖의 일과 집안의 일을 양분하여, 집안일은 노동의 개념에서 벗어난 의무이며, 집밖의 경제활동에 참여하는 것은 자본주의 근대를 살아가는 국민으로서의 책임임을 인식시키는 것이다.

가정의 '밀실'과 사회의 '광장'에서 바쁜 여성들을 위한 전시회가 있다. 다중적 역할을 한 여성들의 면모를 과거에서 현재까지 만날 수 있는, '〈워킹 맘마미아〉 – 그녀들에게는 모든 곳이 현장이다 展' 이다. "이번 전시는 역사 이전 신화시대부터 현재에 이르기까지 일과 가정을 통합적으로 수행해온 수많은 여성들을 새롭게 조명하고, 그 안에서 우리가 지향해야 할 미래를 보고자 한다"는 기획으로 한국의 대표적인 여성주의 미술작가 7명이 참여하였다. 김인순 「태몽」, 류준화 「설문대할망과 자청비」, 박영숙 「화폐개혁프로젝트」, 윤석남 「블루 룸」, 윤희수 「생명력 2010」, 이피 「웅녀, MY shrine 승천하는 것은 냄새가 난다」, 정정엽 「생명을 보듬는 팔」. 각기 개성 있는 작가의 작품을 한 자리에서 볼 수 있다는 것에 우선 감사한다.

    가장 인상 깊었던 것은 생명을 창조하는 여성의 위대함과 자연과의 조화와 질서로 생존하는 여성의 모습이다. 설화 속에 등장하는 여성인 자청비와 설문대할망, 바리공주 이야기 그리고 웅녀가 현대에서 재해석된다. '자청비'와 '설문대할망'은 검은 획들로 표현된 머리카락으로 하늘과 땅을 통일하고 있으며, 우리에게 위대한 여성의 이야기들을 들려주고 있다. 바리공주는 바다를 연상시키는 '블루 룸'에 오롯이 앉아 자신만의 선택과 의지를 드러내고 있다. 웅녀는 곰에서 인간으로 변신하는 중이다. 곰의 몸통에서 여성이 일어나 있다. 빛으로 표현된 머리가 주위를 환하게 밝힌다.

    아버지를 살리기 위해 죽음을 넘어선 바리공주와 농경의 신 자청비, 그리고 제주도를 만든 설문대할망, 환웅을 낳은 웅녀... 이들은 죽음과 삶의 경계를 넘어서고 하늘과 땅을 아우르는 거대한 생명의 힘이다. 〈태몽 09-4〉, 〈태몽 09-2〉에서 우리는 우주의 에너지를 몸에 담은 자연과 생명의 조화를 경험한다. 그러나 생명을 보듬는 팔은 탄생의 위대함을 넘어서 여성의 풍부한 감수성으로 성장한다. 투명한 천에 그려낸, 생명을 보듬는 날개 짓은 승천을 꿈꾼다. 그러나 '승천하는 것은 냄새가 난다'. 마른오징어 수백 개를 가지고 만든 여성의 몸은 냄새로 금기시되었지만 그것이 거룩한 생명탄생의 과정임은 누구나 알고 있다.

    〈생명력2010〉은 여성의 삼단같은 머리털을 상징하듯 35m로 길게 꼬여있다. 그런데 소재가 검정비닐이다. 풍성함과 풍요로움을 의미하는 것 같지만 그 내면은 우리가 장을 본 것을 담는 검정비닐이다. 신화 속에 위대한 여성의 창조성과 상상력은 지금 일상에서의 일과 생활로 이어진다. 가정에서나 사회에서 언제나 열심히 '살림/살려냄'을 실천해온 여성들, 그런데 이 여성들은 언제나 사회구조 밖에 있었고 항상 소외당하고 있다. 화폐개혁프로젝트는 새로운 화폐를 보여준다. 삼신할머니에서 명성왕후, 나혜석까지 시대를 열정적으로 살았던 여성들을 화폐인물로 그려낸다. 위대한 여성선조들에 대한 후대인들의 자그마한 선물이다.

    아들을 생산하는 여자에서, 값싼 노동력을 제공하는 노동자로 또 소비하는 주체로, 여성들은 사회구조 안에서 끊임없이 재편된다. 그러나 이 사회의 권력구조 안에서 여성은 언제나 소외되어 있으며 '성'으로 대상화하거나 소비적인 주체로만 인식될 뿐이다. 시대가 변하고 문화가 발달할수록 그것은 더욱더 정교해지고 내밀화된다. 이런 점에서 〈워킹 맘마미아〉의 작품들은 과거·현재·미래를 아우르는 여성의 힘과 상상력을 체험할 수 있는 좋은 기회였다.

김명임, 『플랫폼』 25, 2011년 1-2월호.

3) 칼럼(column)

　　신문과 잡지들은 시사적인 문제나 사회현상에 대해 여러 전문가들이 쓴 글을 싣고 있는데 이것을 칼럼이라고 한다. 칼럼은 신문의 사설과 같은 논리적이고 딱딱한 글쓰기에서 벗어나 자연스럽게 전개되는 것이 특징이며 글쓴이의 개성이 잘 드러나는 글이기도 하다. 칼럼을 쓸 때에는 처음에는 일화나 인용을 제시하여 독자에게 흥미를 갖게 하는 것도 필요하다. 그리고 말하고자 하는 것을 이야기하면서 그것에 대한 글쓴이의 주장이나 평가로 끝맺는 것이 일반적이다.

　　서양 서커스 행렬의 맨 앞에는 악대가 탄 역마차 '밴드왜건(Bandwagon)'이 있었다. 분위기를 띄워 사람을 모으기 위해서다. 미국 서부개척 시대에는 요란한 밴드왜건 소리를 듣고 모여든 사람들 사이에 금광 발견 소문이 퍼지면 너도 나도 금광으로 몰려가곤 했다. 친구 따라 강남 가는 식의 집단심리가 작용해 사람들이 시류를 따르는 현상을 밴드왜건효과 또는 편승(便乘)효과라고 한다. 농악대가 풍악을 울리며 길놀이로 사람들을 모으는 것도 밴드왜건효과를 노린 것이다.

　　밴드왜건효과라는 말을 처음 사용한 사람은 미국 경제학자 하비 라이벤슈타인이다. 그는 1950년 소비자 수요이론에 관한 논문에서 특정 상품의 수요가 다른 사람들의 수요에 영향을 받는 것을 밴드왜건효과라고 했다. 남보다 돋보이고 싶어서 비싼 물건일수록 더 사려는 경향을 베블런효과로, 희귀성이 높을수록 소비를 자극하는 현상을 스놉효과로 부른 것도 그다. 기업들이 유명 연예인이나 운동선수를 CF 모델로 기용하는 것도 밴드왜건효과를 활용한 전략이다.

　　스포츠 세계에서는 밴드왜건 스포츠팬이란 말이 있다. 특별한 연고도 없는 프로팀인데도 승승장구한다고 응원하거나, 우승팀을 응원하면 다른 사람들이 자신을 좋아할 것이라는 이유로 이기는 팀을 응원하는 사람을 가리키는 말이다. 정치 분야에서는 여론조사에서 앞선 후보에게 지지자가 몰리는 현상을 '여론조사의 밴드왜건효과'라고 한다. 밴드왜건효과의 함정은 실체도 모르고 시류에 영합했다가 집단오류에 빠질 수 있다는 점이다.

　　1일 결과가 공개된 대선 주자 여론조사에서 이명박 전 서울시장의 지지도가 압도적으로 높게 나왔다. 유권자들이 인터넷 등을 통해 실시간으로 정보를 얻고 공유하는 데 따른 밴드왜건효과도 있을 것이라는 분석도 나왔다. 후보나 정책에 대한 검증이 충분히 이뤄지지 않은 만큼 일리가 있다. 밴드왜건효과가 실제로 작용했다면 이 전 시장에게 몰리는 밴드왜건효과가 계속 커질지, 또 다른 주자가 새로운 밴드왜건효과를 창출할지, 아직은 귀신도 모를 일이다.

권순택, 「밴드왜건효과」, 『동아일보』, 2007. 1. 2.

실습예제 시사적인 문제 하나를 골라 그것과 관련 있는 칼럼을 작성하시오.

2. 기타 유형의 글

1) 홍보문

　홍보하는 글에서 가장 중요한 것은 무엇을 홍보할 것인가이다. 그리고 누구를 대상으로 하는 것인가에 초점을 맞추어 홍보문을 작성하는 것이 필요하다. 홍보문의 표제는 홍보의 핵심내용을 키워드로 작성하는 것이 좋다. 주의할 점은 너무 장황하거나 군더더기 표현은 삼가는 것이다. 다음의 홍보문을 읽어보자.

---

1) 21세기 테크놀로지를 책임질 인재의 산실

　○○대학교 공과대학은 지난 50년 동안 기술 한국을 책임질 우수한 인재들을 키워왔습니다. 기술적 진보는 한 시대의 패러다임을 변화시키고, 한 국가의 미래를 창조하는 동력입니다. 수많은 첨단산업의 현장에서 ○○대학교의 공대인들이 ○○의 이름과 대한민국의 위상을 떨치고 있습니다. 동양의 MIT라는 이름에 걸맞은 세계 수준의 교수진, 최첨단 실험실에서 ○○의 재학생들은 기술 한국을 책임질 인재로 거듭나고 있습니다.

2) 가장 인문적이기에 가장 실용적인 학문의 보고

　○○대학교의 두뇌! 그것은 바로 ○○대학교 문과대학입니다. 이곳에는 창조와 실용을 겸비한 인재들의 열정이 가득합니다. 한국문학을 이끄는 뛰어난 문인들, 한국을 넘어 세계 학계를 선도하는 우수한 학자들을 배출한 ○○대학교의 모태입니다. 개교 50주년을 기념하며 제2의 도약을 꿈꾸는 ○○대학교의 인문학 인재들은 가장 인문적이기에 가장 실용적인 인문학의 질적 변화를 추구하고 있습니다. 기초학문과 실용학문의 균형적 협력 속에서 대학민국의 지성을 대변할 인재로 성장하기 위해 ○○의 문우인들은 세계로 시야를 넓히고 있습니다.

실습예제 위 글을 참조하여 직접 알리는 글을 써보자. 당신은 ○○출판사 편집부에서 일하고 있다. ○○출판사에서 신간을 출간했다.(아무 책이나 한 권을 정하자.) 이제 △△일보 문화부 장아현 기자'에게 보내는 신간 보도자료를 A4용지 1장 분량으로 작성해보자.

2) 소개문

소개문을 작성할 때에는 무엇을 소개하는 것인가가 정확하게 드러나야 한다. 일반적으로 앞부분에 소개할 대상을 밝히는 것이 좋다. 그리고 소개하는 글을 쓸 때 가장 유념해야 할 것은 독자의 입장이다. 소개문을 읽는 독자의 입장에서 생각하고 서술해야 한다. 전문적인 부분을 소개할 때에는 일반 독자가 쉽게 이해할 수 있는 평이한 언어를 사용해야 한다. 그리고 어떤 순서로 소개할 것인가도 생각해야 한다. 전체에서 부분으로 또는 부분에서 전체로 일관성 있는 구성이 필요하다.

경복궁은 조선 왕조 제일의 법궁입니다.

북으로 북악산을 기대어 자리 잡았고 정문인 광화문 앞으로는 넓은 육조거리(지금의 세종로)가 펼쳐져, 왕도인 한양(서울) 도시 계획의 중심이기도 합니다. 1395년 태조 이성계가 창건하였고, 1592년 임진왜란으로 불타 없어졌다가, 고종 때인 1867년 중건 되었습니다. 흥선대원군이 주도한 중건 경복궁은 500여 동의 건물들이 미로같이 빼곡히 들어선 웅장한 모습 이었습니다.

궁궐 안에는 왕과 관리들의 정무 시설, 왕족들의 생활 공간, 휴식을 위한 후원 공간이 조성되었습니다. 또한 왕비의 중궁, 세자의 동궁, 고종이 만든 건청궁 등 궁궐안에 다시 여러 작은 궁들이 복잡하게 모인 곳이기도 합니다. 그러나 일제 강점기에 거의 대부분의 건물들을 철거하여 근정전 등 극히 일부 중심 건물만 남았고, 조선 총독부 청사를 지어 궁궐 자체를 가려버렸습니다. 다행히 1990년부터 본격적인 복원 사업이 추진되어 총독부 건물을 철거하고 흥례문 일원을 복원하였으며, 왕과 왕비의 침전, 동궁, 건청궁, 태원전 일원의 모습을 되찾고 있습니다.

광화문 - 흥례문 - 근정문 - 근정전 - 사정전 - 강녕전 - 교태전을 잇는 중심 부분은 궁궐의 핵심 공간이며, 기하학적 질서에 따라 대칭적으로 건축 되었습니다. 그러나 중심부를 제외한 건축물들은 비대칭적으로 배치되어 변화와 통일의 아름다움을 함께 갖추었습니다. 수도 서울의 중심이고 조선의 으뜸 궁궐인 경복궁에서 격조 높고 품위 있는 왕실 문화의 진수를 맛보시기 바랍니다.

〈경복궁〉홈페이지에서

위 글을 참조해서 소개문을 써보자. 먼저 문화재나 사적지 하나를 정하자. 그리고 그것에 관해 전혀 모르고 있는 사람을 대상으로, 소개하는 글을 써보자. (300자 내외)

3) 초대문

초대하는 글에서는 초대의 대상, 일시, 장소를 한눈에 알아볼 수 있게 정리하는 것이 필요하다. 서문 부분에 초대의 대상을 언급하고 어떤 목적의 초대인지를 간략하게 서술한다. 그리고는 항목별로 분류하여 나열하면 된다.

동문 여러분 안녕하세요.
국문과 20주년 기념행사가 아래와 같이 준비되어 있습니다.

일시 : 2012년 ○월 ○일(금) 오후 6시
장소 : 본관 교수식당
행사 : 1. 모교 선생님 격려 말씀(퇴직하신 선생님 참석)
      2. 축하 공연(풍물 소모임)
      3. 시낭송회(본과 출신 시인들)
      4. 후배들의 학회 활동 소개
      5. 만찬(술과 안주가 준비되어 있음)

오랫동안 소원했던 선후배가 모여 동문의 情을 돈독히 하는 자리가 되기를 바랍니다. 바쁘시더라도 아무쪼록 시간을 내어 자리를 빛내주시면 감사드리겠습니다.

2012년 △월 △일

실습예제 학회나 동아리 행사에 초대하는 글을 작성해 보자.

제9강   제대로 배우는 디지털 글쓰기

불과 반세기 전 사람들은 글을 쓰기 위해 원고지를 폈다. 그러나 디지털 시대를 살아가는 우리는 글을 쓰기 위해 컴퓨터를 먼저 켠다. 인터넷 검색을 통해 다양한 정보를 쉽게 얻을 수 있고, 옮겨 올 수도 있다. 문제는 이러한 정보의 편의성이 깊은 사고를 통해 얻는 글쓰기보다 쉽고 간단하게 표현하는 글쓰기를 선호하게 한다는 점이다.

디지털 시대의 글쓰기는 실시간의 대화가 가능하기에, 말하는 것처럼 현장감 있게 빠르고 간결하게 진행된다. 그렇기 때문에 언어를 변형시켜 표현하는 경우가 많다. 또한 개인 블로그와 미니홈피 등을 통한 소통이 일반화되면서 인터넷을 통해 글을 쓰는 경우가 대부분이다. 그러나 이러한 블로그와 미니홈피를 보면 자신의 글인지 타인의 글인지 불명확한 경우가 많다. 정보를 공유하고 쉽게 복사나 편집이 가능하기 때문에 발생하는 현상이다.

또한 인터넷이나 스마트 폰을 통하여 실시간 대중과 소통하는 글쓰기가 일상화되면서 또 다른 문제점도 노출되고 있다. 익명성을 이용한 악성 댓글이나 과도하게 대중지향적 글쓰기가 나타나는 것이다. 디지털 미디어 글쓰기의 확대와 더불어 이러한 경향이 더 가속화되고 있으므로 주의할 필요가 있다.

그렇다면 미디어 글쓰기의 특성은 무엇일까? 그것은 다음과 같이 정리될 수 있다.

1. 자판으로 직접 화면에 입력하는 경우가 많기 때문에 개요 작성과 같은 과정이 생략되고 쓰기 전 단계가 축소된다.
2. 글을 쓰면서도 말을 한다고 느끼기 때문에 퇴고의 필요성을 인식하지 못한다. 오타나 비문을 거의 무시하고 속도감 있게 글을 써 나간다.
3. 화면을 상하좌우로 움직이며 글을 써야 하기 때문에 글 전체 구조를 파악하기 어렵다.
4. 구어 중심의 문체를 사용하고 짧으면서도 함축적인 표현을 즐긴다.
5. 짧은 대화체, 아이콘, 그림, 도표 등을 활용해 드러냄으로써 오감을 활용한 의사소통을 한다.
6. 첨가, 삭제, 복사 등이 용이하기 때문에 텍스트의 가변성 및 개방성이 높다.
7. 댓글과 이어적기가 가능하기 때문에 작가의 결정성이 낮다.
8. 글쓰는 이와 읽는 이의 경계가 허물어진다.

김영만, 「개인 홈페이지를 활용한 국어작문 교육에 대한 연구」, 『국어교육연구』 11집 중에서

1) 전자우편(e-mail)

인터넷이 보편화 되면서 전자우편은 이제 우리생활의 일부분이 되었다. 과거에는 종이로 편지를 썼다면 이제는 인터넷을 통하여 메일을 보낸다. 그러나 종이에서 인터넷으로 매체만 바뀌었을 뿐 전자우편은 편지글의 일종이다. 그러므로 편지글이 가지고 있는 형식을 이용해서 쓰면 편리하다. 전자우편을 쓰는 방법과 주의할 점을 살펴보자.

(1) 메일 제목

메일의 제목은 편지의 겉봉투 역할을 한다. 누구한테 온 편지인지 확인하는 것처럼 메일 주소나 제목을 통해 상대방을 확인하는 것이다. 스팸메일이 너무 많은 요즘, 메일 제목을 명확하게 쓰는 것이 중요하다. 메일 제목을 쓸 때에는 메일의 내용을 간략하게 언급하거나 자신의 신분을 밝혀 상대방에게 보내는 사람에 대한 정보를 알려 주어야 한다. 또한 메일은 문학 작품이 아니다. 제목이 멋진 메일은 오히려 스팸으로 분류될 확률이 높다. 보내는 사람이 누구인지, 목적이 무엇인지를 분명하게 메일 제목에 적으면 상대방에게 올바르게 전달될 수 있다.

> 글쓰기와 토론의 교재에 대한 문의입니다.
> ○○대학 ○○과 장나라입니다.(성적 관련 문의)

(2) 메일 본문

메일 본문은 일반적으로 편지글의 형식을 사용하면 된다. 바로 본론부터 이야기하는 것이 아니라 인사말을 먼저 하고 자신이 메일을 보내게 된 목적을 이야기하면 된다. 그러나 장황하게 내용을 늘어놓는 것은 좋지 않다. 끝부분에서 간단한 인사말을 덧붙이는 것이 좋다.

안녕하십니까?

○○○○ 강의를 듣는 ○○과 장시현입니다.
저는 글쓰기에 대한 두려움이 많았습니다. 이번 강의를 통해 글쓰기에 대한 두려움도 없애고 올바른 글쓰기에 대하여 공부하고 싶습니다. 그래서 참고도서에 대하여 궁금한 점을 여쭤보고 자 합니다. 좀 더 글쓰기 공부를 심화시키고자 하는데 혹시 선생님께서 추천해 주실 책이 있는지 요? 제가 이 분야는 처음이라 어떤 책을 선택해야할지 모르겠습니다. 선생님께서 몇 권을 추천 해주신다면 열심히 읽고 공부하겠습니다.
그럼 다음시간에 뵙겠습니다.

날씨가 많이 추워졌습니다. 건강 조심하세요.

〈학생글〉

---

(3) 메일을 작성할 때 주의할 점

메일의 장점은 편지보다 쉽고 간단하게 상대방에게 전달된다는 점이지만, 바로 그 점 때문에 종종 기본적인 예의를 지키지 못하는 경우가 많다. 메일 작성에도 기본적인 예의가 있다는 점을 기억하자.

① 윗사람에게 메일을 보내거나 공적인 메일에는 실명으로 서명하는 것이 좋다.
② 메일도 편지형식이기에 읽기 편하도록 시각적으로 편집하는 것이 좋다.
③ 파일을 첨부할 경우 어떤 파일인지 간략하게 설명하는 것이 좋다.
④ 답장 메일을 보낼 때에는 회신보다는 새로운 메일로 보내는 것이 좋다. (이전 메일이 필요한 경우는 제외)

2) 댓글 쓰기

인터넷의 보급과 활용이 일반화되면서 인터넷이 가지고 있는 여러 가지 문제점도 드러나고 있다. 그 중에서도 악성댓글로 인한 피해가 크다. 익명성을 이용한 악성댓글은 또 다른 폭력으로 우리 사회를 위협하고 있는 것이다. 다음 연습을 통하여 인터넷 글쓰기의 문제점을 알아보도록 하자. 다음 글은 대표적인 인터넷 사이트 '디시인사이드 갤러리'의 드라마 방에 있는 소위 개념글과 댓글을 옮겨온 것이다.

제목 : 디비디 관련해서 성질 좀 부려도 되냐?

이해해보려고 했는데....
난 나로 하여금 디비디 홍보에 부담을 갖게 만드는 이 상황이 슬슬 짜증이난다.
당연히 추진하는 흉들한테 뭐라 하는 게 아니고.........
솔까 덕후 2천명도 못 끌어모은 것도 드라마 탓이고 ㅜㅜ
그나마 있던 덕후 떨어져나가게 한 것도 드라마 뒷심부족이랑 스페셜 아니냐? ㅜㅜ
누구누구 탓이라 따질 수 없는 일이라 해도...... 적어도 이 상황이 감독판 원하는 팬들 탓은 아니잖아?
근데 팬들만 존나 고민하고 안달하는 것 같아서... 엿같다 ㅜㅜ
놀지도 못하고 이게 뭐냐 ㅜㅜ
그리고 감독판은 솔까 제작진들이 먼저 나서서 열의를 보여야 하는 거 아니냐?
나라면 내 작품에 대한 애정과 자부심 때문에라도 어떻게 해서든 고퀄의 감독판 출시할 길을 찾아보겠다.
물론 현실적으로 돈 문제가 걸려있으니 쉽지 않겠지... 근데,

존나 제대로 만들어서, 드라마 감독판계의 획을 그어서 완판시키겠다는 패기도 없는 거냐? 대중예술 한다는 사람들이 2~3천 명의 지갑을 열 자신도 없음? '뿌리깊은나무'라는 쩌는 네임벨류&컨텐츠를 가지고도? -중략-

곰곰옥수탑실 : 가신청 2천명이 돼야 감독판을 만들겠다니? 아니 뭐 그런 우라질놈이 다 있단 말이냐!!

AAA▼ : ...나도 이게뭔가 싶더라ㅋㅋㅋㅋㅋㅋㅋ딥디 관련해서 실권쥐고 있는 사람들 태도가 너무 뜻뜨미지근하다. 생각이 없으면 차라리 선을 확실하게 긋던지. 그것도 아니고 2천이라는 숫자만 불러놓고 지금 무슨ㅋㅋㅋㅋㅋㅋㅋㅋㅋㅋ처음에 천이라 그랬다가 나중에 상향조절된거 듣고 존나 빡치더라. 놀려먹는것도 아니고 이게 뭐냐고. 흥 말대로 감독판 하나 받아내려고 존나 구걸하는거 아냐 이거ㅋㅋㅋㅋㅋ아무리 뿌나에 애정을 갖고 있어도 짜증이 나는건 나는거.

ㅎㅎ : 우리가 이렇게 원해서 나오더라도 본인의지없으면 높은퀼이 나올리가없지 그쪽에서도 홍보좀하지 지들은 이제끝난건 상관없단건가

도휼 : 배우들이 인터뷰를 꺼린다는 것도 일종의 핑계가 아닌가 싶었고. 물론 배우들 각자 스케쥴 있고 촬영 들어가신 분도 있으니 한 분 한 분 다 인터뷰를 하기에는 어려움이 많을테지만, 스브스나 제작진이 하려는 의사가 있다면 충분히 섭외 가능한 거 아님?

김펄쩍 : 나도 솔직히 이런 생각이었어. ㅇ렇게 가신청 모아서 만들게되도 얘네가 애정가지고 잘 만들어주려나 싶든데.

★폴라베어★ : 원래 시방새가 좀 그래;;;;잘 안도와줌;;그런데 팬들 화력으로 그게 가려졌지만 뿌나는 화력도 미미해서 그 본색이 잘 드러났음;;그네들도 가신청들 보니까ㅅ ㅂ 돈안되겠네 하고 성의없이 그러는거고 천명이었다가 걔들이 천명 만들까봐 2천명으로 올린거고 아예 높혀나서 만들게 하지 말자라는 성의임

웅방망이 : 공감과 개추.............

똥지게 : 바이.. 방송국은 철저하게 이익을 따져 움직이는 조직이라 이딴 처사 어쩔 수 없다고 쳐도... 자신의 혼을 실은 드라마의 레전드 dvd를 위해서 스탭들은 열정적인 의지가 있어야 한다고 생각해...ㅜㅜ 그 부분이 너무 서운하다그... ㅠㅠㅠㅠ

<디자인사이드갤러리 뿌리깊은나무갤러리 개념글과 댓글 중에서>

1. 위의 글에서 지적될 수 있는 문제점은 무엇인지 찾아보도록 하자.

교육인적자원부와 한국대학교육협의회가 최근 대구에서 전국 대학들에 설치된 성희롱 고충상담소 상담원, 심의위원들을 대상으로 실시한 성희롱 사례 교육을 보면서 드는 생각은 브라운관은 성희롱의 홍수사태를 이루고 있다는 것이다.

이번 교육에서 성희롱의 사례로 적시한 것을 보면 "내가 이렇게 열심히 가르쳐도 여자들 시집가면 쓸 데 없지.", "쭉쭉 빵빵", "방뎅이" "외모도 수준 이상인데 한 번 발표해 봐!", "여자가 많으면 경쟁력이 떨어진다." 등 교수들의 발언과 여성의 몸을 빗대 '절벽' 운운하는 것, '술은 여자가 따라야 제맛'이라는 남학생들의 발언 등이 성희롱과 성차별에 해당된다는 것이다. 교육인적자원부가 적시한 성희롱과 성차별의 사례를 방송사 오락 프로그램과 드라마에 적용시켜보면 그야말로 성희롱의 홍수 사태를 너무나 쉽게 목격할 수 있다.

SBS의 〈야심만만〉, KBS 〈해피선데이〉 등 오락 프로그램에선 여성의 신체를 빗댄 '쭉쭉빵빵' '절벽'이라는 단어가 남성 연예인의 출연자의 입에서뿐만 아니라 여성 출연자에게서도 자연스럽게 흘러나온다. 최근 한 남자 중견가수는 KBS 〈상상 플러스〉에 나와 자신의 아내를 묘사하면서 "큰 눈이 아름다웠으며 무용과 출신답게 몸매도 '쭉쭉빵빵'해서 나의 시선을 단번에 사로잡았다"며 자랑스럽게 말했다. 이 같은 여성의 신체를 빗대는 '쭉쭉빵빵'같은 단어들은 SBS 〈야심만만〉 같은 프로그램에서도 출연 연예인들의 입에서 나오고 있다.

KBS 〈해피선데이-여걸 식스〉에서 한 남자 가수를 놓고 조혜련과 현영이 구애작전을 펼친다. 현영은 특유의 섹시하고 수줍은 캐릭터로 출연 가수를 유혹한 반면 조혜련은 솔직하고 당당한 모습으로 대시한다. 남자 가수는 조혜련의 적극적 태도를 "나 (이 프로) 안 할래!"라는 대사로 일축하며 조혜련을 순간 웃음거리로 전락시킨다. 오죽했으면 한국여성단체협의회가 최근 낸 '여성의 시각에서 바라본 TV속 남녀 캐릭터'라는 보고서에서 〈여걸식스〉가 강인한 의지의 소유자나 전통적 기준에 도전하는 여성을 '괴물'로 규정한 남성의 시각을 고스란히 반영했다고 지적했을까.

이 같은 성희롱적인 행태의 범람 외에도 드라마나 오락 프로그램에서 성차별적인 언행과 시각은 방송 프로그램 곳곳에 배어 있다. 최근 막을 내린 SBS 주말 드라마 〈하늘이시여〉에선 여성 등장인물 대부분을 소비성이 강하고, 남성 의존적인 최악의 캐릭터들로 묘사했고 요즘 높은 시청률을 기록하고 있는 KBS 2TV의 주말 드라마 〈소문난 칠공주〉는 바람 피는 남편은 관대하게 외도하는 여성은 죽일 사람이라는 남성 중심적 시각이 지배적이고 외모를 이용해 신데렐라가 되려는 극중 셋째딸 등 그야말로 여자 출연자들은 비정상적인 인물로 그려내고 있다. 최근 막을 내린 MBC 주말 드라마 〈불꽃놀이〉에선 여자의 적은 여자라는 오랫동안 반복된 성차별적 행태들을 드라마의 주요한 갈등기제로 삼았다.

방송은 불특정 다수의 의식과 행동에 막대한 영향을 미친다. 방송에서의 횡행하는 여성을 대상으로 한 성희롱적 행태와 성차별적 언사들이 우리 사회와 학교에서 범람하는 성희롱과 성차별과 관련은 없는 것일까. 그렇지 않을 것이다.

　　교육인적자원부는 상담원들을 대상으로 교육시킬 것이 아니라 방송사 제작진과 출연진을 상대로 성희롱과 성차별에 대한 교육을 먼저 시켜야할 듯하다.

〈마이데일리 = 배국남 대중문화전문기자〉

제**4**부

자기표현과 글쓰기

제10강 자기표현과 스토리텔링

1. 매력적인 '나'를 만들자

공식적으로 사람들을 처음 만났을 때, 우리가 해야 하는 가장 중요한 표현은 바로 '자기소개'이다. 자신을 소개하는 것은 상대방이 자신을 판단할 가장 중요한 표준을 제공하는 것이라는 점에서, 그리고 앞으로 상대방과 맺어나갈 인간관계의 방향을 제시한다는 점에서 매우 중요하다. 대학에서 혹은 사회생활을 통해서 우리는 이렇게 자기소개를 해야만 하는 상황을 수없이 만나게 된다. 그때마다 머뭇거리고 자신을 제대로 표현하지 못한다면 성공적인 인간관계를 맺는다는 것은 불가능해진다.

따라서 '자기소개'의 가장 중요한 출발점은 바로 '매력적인 나'를 만드는 것이다. 자기소개서는 우리가 쓸 그 어떤 글보다 자기 과시적이기 때문에 때로는 우리의 '손발을 오그라들게'하는 표현들까지도 허용된다. 반면 바로 그 때문에 적정 수위를 지켜내지 않으면 자칫 잘난 척과 거짓 포장으로 가득한 지루한 내용이 될 수 있다. 자신을 매력적으로 포장하면서도, 가장 진실하게 자신을 표현하여 상대방에게 깊은 인상을 줄 수 있도록 만드는 것. 그것이야말로 자기소개서의 가장 중요한 핵심이라 할 수 있다. 그 출발은 어디에 있을까?

2. 자기소개서란?

1) 객관적인 '나'와 만나자

자기소개서의 출발점은 바로 객관적인 '나'와 만나는 것이다. 이는 곧 객관적으로 평가된 '나'와 만나는 것을 의미한다. 그런데 여기서 의문이 발생한다. 자기소개서란 일기만큼이나 주관적인 글이다. 자기 스스로 자신을 드러내는 글이기 때문이다. 그런데 객관적으로 평가하라니? 과연 자기 자신을 객관적으로 평가하는 것이 가능하기는 한 것일까?

물론 완전히 스스로를 객관적으로 평가한다는 것은 불가능하다. 그럼에도 우리는 자기소개서 속에서 '나'를 표현할 때, 객관적으로 다가가야 한다. 분명 자기 스스로 내린 주관적인 평가임에도 불구하고 마치 제3자를 평가하듯, 객관적으로 보일 수 있도록 표현해야 하는 것이다. 끊임없이 스스로를 타자화시켜 자기 자신을 판단하려는 노력이 있어야만 자기소개서에 담을 여러 화제를 발견할 수 있다. 죽어도 자신을 객관화시켜 바라보기 힘든 사람이 있다면 가족이나 친구와 같은 지인들의 의견을 충분히 참고하는 것이 유용하다.

2) '나'의 과거, 현재, 미래를 보여주는 글쓰기

자기소개서의 주인공은 바로 '나'이다. 따라서 이 글을 읽는 독자의 최대 관심사도 '나'이다. 우리가 쓸 그 어떤 글쓰기보다 글쓴이에 주목하고, 오직 글쓴이를 둘러싼 화제만을 담아내는 특별한 글쓰기가 바로 자기소개서이다. 그러므로 자기소개서의 모든 단락은 오직 '나'를 드러내고, 빛내는 요소들로 가득해야 한다. 자신의 과거는 어떠했는지, 그 과거를 통해 현재의 나는 어떤 사람으로 성장했는지, 이러한 현재를 바탕으로 나의 미래는 어떻게 발전해나갈 것인지…….

그런데 종종 학생들은 이러한 자기소개서를 가족소개서나 학과소개서로 착각하는 경우가 많다. 성장배경이나 성격의 장단점에 부모님에 대해 존경할 점만 가득 적는다거나, 자신의 역량을 드러내는 부분에 학과 전공의 특징만 잔뜩 쓰거나 하는 것이다. 이러한 자기소개서는 아무런 매력도 없고 당연히 독자에게 좋은 인상을 남길 수도 없다. 따라서 우리가 명심해야 할 것은 자기소개서의 주인공은 늘 '나'여야 한다는 것이고, 그러한 '나'의 과거/현재/미래를 보여주어야 한다는 것이다.

3) 과거와 현재를 어떻게 미래의 비전으로 만들 것인가에 초점

자기소개서를 쓰면서 우리가 범하기 쉬운 또 다른 함정 하나. 그것은 바로 자기소개서의 최종 목표를 어디에 두어야 하느냐는 것이다. 일반적으로 우리가 자기소개서를 제출하는 곳은 장학재단, 기업 등이다. 우리는 장학금이나 취업 등을 목적으로 자기 자신이 얼마나 큰 가능성이 있는 사람인지를 보여주어야 한다. 여기서 주목할 것은 바로 '가능성'이다. 지금까지 자신이 살아온 과정과 현재의 성과, 그것을 바탕으로 미래의 자신이 얼마나 성장할 가능성이 있는지를 보여주고 그 가능성에 대해 투자를 받는 것이 바로 자기소개서의 목표인 것이다.

그렇다면 우리가 자기소개서를 쓰면서 명심해야 할 가장 중요한 요소가 분명하게 드러난다. 자기소개서에서 과거를 이야기할 때도, 현재를 이야기할 때도 우리는 항상 미래의 자기 자신에 대한 확실한 밑그림을 바탕으로 그러한 것들을 제시해야 한다. 가능성을 보여주지 못하는 자기소개서는 무용지물임을 항상 명심하자.

3. 자기소개서 = 자기PR

1) 자기소개서의 무기 = 정직

자기소개서의 가장 큰 무기는 정직이다. 많은 학생들이 착각하는 것 중의 하나가 자기소개서의 항목을 채우기 위해 일단 아무 내용이나 거짓으로 써도 무방하다고 생각한다는 점이다. 거짓으로 내용을 채우면 잠깐은 속일 수 있지만 금방 들통이 날 수밖에 없다. 그리고 여러분의 자기소개서를 평가하는 사람들은 수많은 자기소개서를 항상 보아온 사람들이다. 글도 읽으면 읽을수록 잘 읽게 되는 법. 여러분의 거짓말에 호락호락

속을 만큼 만만하지 않다.

그러나 자기소개서를 거짓으로 채우면 안 되는 이유는 단지 이 때문만은 아니다. 보다 결정적인 것은 거짓은 실제 경험만큼 풍성한 이야깃거리를 제공하지 못하기 때문이다. 스케일만 큰 대작 영화가 풍성하고 흥미로운 이야깃거리를 가진 작은 영화들에 참패하는 경우는 아주 많다. 멋지고 화려한 것만 추구하다 보면 정말 그 안에 담아내야 할 가치가 무엇인지 잊어버리기 때문이다. 거짓만으로 자신을 꾸미다 보면 결국 그 안에 담긴 것은 알맹이 없는 낯선 사람일 뿐, 자기 자신이 될 수 없음을 기억하자. 독자는 여러분에 대해 알고 싶은 것이지 형체도 없는 허상이 궁금한 것이 아니다. 여러분이 사소하다고 생각하는 경험들, 그 경험들로부터 배운 작지만 소중한 가치들. 그것이야말로 가장 매력적인 화제가 된다는 사실을 명심하자.

2) 70%의 진실을 포장하는 30%

그렇다면 무조건 정직하기만 하면 좋은 자기소개서가 될까? 이 답 역시 'NO'이다. 자기소개서의 최대 목적은 자기PR에 있다. 정직하더라도 자신을 빛낼 수 있게 정직해야 한다는 것을 기억할 필요가 있다. 따라서 회복될 수 없는 단점은 결코 써서는 안 된다. 정직이 모든 약점을 다 털어놓는 것을 의미하는 것은 아니다. 자기소개서는 '나'에 대한 70%의 진실을 보여주는 것이며, 그것을 바탕으로 나를 빛나게 할 30%의 포장을 하는 것임을 기억하자.

이 진실과 포장의 비율을 잘 지켜야만 한다. 포장이 너무 화려하면 내용물에 실망할 수 있고, 포장이 너무 초라하면 내용물에 대한 관심까지 사라질 수 있다. 따라서 자기소개서를 잘 쓰기 위해서는 단점을 어떻게 장점으로 바꿀 수 있는지, 잘난 척하지 않고 자신의 장점을 드러낼 수 있는 방법은 무엇이 있는지 끊임없이 생각하고 연습해야 한다.

4. 스토리텔링과 자기브랜드 설정하기

1) 스토리텔링의 개념

　스토리텔링(storytelling)이란 '스토리(story) + 텔링(telling)'의 결합어로 번역하면 '이야기하기'이다. 그런데 오늘날의 글쓰기, 특히 자기소개서에서는 이러한 스토리텔링이 매우 중요하다. 정보를 정보 그대로 제시하는 것만으로는 매력적인 글쓰기라 할 수 없다. 똑같은 정보라고 할지라도 어떻게 전달하느냐에 따라 그 정보의 매력과 가치는 달라진다. 스토리텔링은 정보를 가장 매력적으로 전달할 수 있는 방법이 될 수 있다. 독자의 관심을 끌고, 독자의 감동을 일깨울 수 있도록 '교감'을 만들고자 하는 것이 바로 스토리텔링이다. 따라서 자기소개서의 한 장면, 한 장면은 전체적으로 하나의 이야기를 지향해야 하며, 각각이 매력적인 부분이 되어야 한다. 그 하나의 이야기는 다름 아닌 '나'라는 한 사람의 총체적인 인생을 보여주는 스토리를 구성해야 함을 물론이다.

2) 자기브랜드 가치 설정하기

　먼저 대학을 하나의 시장이라고 가정하고 이곳에서 자기브랜드의 가치를 측정해 보는 시간을 갖자. 자신의 가치를 뽑아냈다면 그 이유가 드러나도록 헤드라인의 형태로 구체화시켜본다.

	가 치	헤드라인 만들기
1		
2		
3		
4		
5		

3) 단점의 장점화

우리에겐 장점만 있는 것이 아니다. 인간이란 그 어떤 동물보다 단점이 많은 존재이다. 이번에는 자신의 단점이 될 만한 요소들을 생각해보자. 그러나 단점을 드러내는 것만으로 끝나는 것이 아니라 그것이 어떤 장점으로 변화될 수 있는지 생각해보아야 한다. 그래야만 좋은 자기소개서를 쓸 수 있기 때문이다.

	단 점	단점의 장점화
1		
2		
3		
4		
5		

5. 나만의 스토리 만들기

1) Self-selling으로서의 자기소개서

결론적으로 말하자면 자기소개서란 결국 '나'를 매력적인 상품으로 만드는 과정이라고 할 수 있다. 취업을 위해서든, 장학금을 위해서든 자기소개서를 쓰는 목적은 나에게 투자 가치가 있음을 보여주는 것이기 때문이다. 그렇다면 이쯤에서 앞에서 공부했던 내용을 되짚으며 셀프 셀링으로서 자기소개서를 쓸 때 주의해야 할 요소를 정리해보자.

① Fact를 제시하라. — 객관적으로 평가된 '나'를 보여주기

② 과도한 포장은 지루하다. — 70%의 진실을 포장하는 30%

③ 정직은 미덕이다.

④ 단점은 극복방안과 함께 드러내라. 그러나 치명적인 단점은 숨겨라.

⑤ 자기소개서의 최대 목적 = 자기PR

⑥ 성과와 비전은 구체적으로 제시하라.

⑦ 경력을 나열하지 말라.

⑧ '나'를 매력적인 상품으로 만들어라.

⑨ 자기소개서는 면접의 시작이다.

⑩ 면접관에게 질문을 유도하라.

6. 스토리텔링으로 '나'를 제시하라

그러면 이제 자기소개서의 마지막 단계이다. 우리가 앞에서 공부했던 육하원칙으로 질문하기는 자기소개서에도 적용된다. 한 편의 자기소개서는 다음 여섯 가지 질문에 답할 수 있어야 함을 기억하자.

① who : 나는 누구인가?

② when : 한눈에 보이는 '나'의 역사

③ where : 객관적으로 평가하는 현재의 '나'

④ what : 내가 할 수 있는 것들과 나의 비전

⑤ why : 왜 '나'는 이 기업에 필요한 존재인가?

⑥ How : 어떻게 '나'는 기업과 상생하며 미래를 만들어 나갈 것인가?

일반적으로 사용되는 자기소개서의 유형은 다음과 같다.

1) 성장배경

성장배경에서는 'who'와 'when'에 해당되는 내용이 제시되어야 한다. 지원하는 '나'라는 사람이 누구인지를 보여주는 것이다. 그것은 나의 히스토리를 제시함으로써 가능하다. 이때 내용은 '나'라는 사람의 과거로부터 시작되어 현재까지의 모습을 제시하는 것이 좋다. 따라서 ① 천편일률적인 표현은 금한다. "○○하신 아버지와 ○○하신 어머니"로 시작하는 글은 절대 쓰지 말자. ② 나의 성장배경에 초점을 맞추어라. 따라서 ③ 부모님과 형제자매에 대해 너무 집중하지 말라. 가끔 보면 이것이 자신의 자기소개서인지 부모님 소개서인지 착각하는 사람이 너무 많다. ④ 나의 과거 중 지원 분야와 연결될 수 있는 어떤 특성을 집중 제시하라.

2) 성격의 장단점

이 부분은 'who'에 해당되는 내용이라 할 수 있다. 성격의 장단점을 쓸 때는 2:1의 비율로 장단점이 배분되어야 한다. 간혹 지나치게 정직한 나머지 단점을 더 나열하는 경우가 있는데, 이는 자기소개서의 기본을 잊은 것이다. 자기소개서는 항상 자신을 빛내야 하는 글임을, 즉 대놓고 '잘난 척'하는 글이라는 사실을 잊지 말자. 단점은 반드시 개선 가능한 단점이어야 한다. 절대로 고칠 수 없는 단점을 제시하는 것은 평가자의 호감을 깎아 먹는 결과를 초래할 수 있다. 말하지 않는 것은 거짓말이 아니다. 이 점을 기억하자.

3) 지원동기

지원동기에서는 'why'에 해당하는 내용이 제시되어야 한다. 자신이 지금 왜 여기에 지원하는지를 보여주어야 하고, 왜 자신을 뽑아야 하는지를 분명하게 어필할 수 있어야 한다. 그러기 위해서는 자신의 열정과 의지를 충분히 피력해야 한다. 또 그것을 위해 얼마나 노력해왔는지도 구체적으로 기술하면 좋다.

4) 지원자의 역량

지원자의 역량을 쓰는 데 있어서는 'what'과 'where'에 주목하자. 지금 현재 자신이 놓인 위치와 할 수 있는 것들을 보여주자. 즉 지원분야에서 역량을 발휘할 인재라는 근거를 보여주는 것이다. 무엇을 공부해왔는지, 어떤 관심을 가지고 있는지, 어떤 역량들을 보유하고 있는지를 보여주는 것이 중요하다. 그 때문에 이 부분에서는 다양한 역량들을 나열하는 것도 나쁘지 않다. 자신이 할 수 있는 것들을 충분히 어필해야만 하기 때문에 할 수 있는 한 객관화된 모든 능력치를 보여주는 것이 중요하다.

5) 사회활동

사회활동은 어떤 부분에 초점을 맞추느냐에 따라 여섯 개의 질문 중 그 어떤 것에도 연결될 수 있다. '사회활동'이라는 말 자체에 너무 매이지 말자. 인간의 사회적 동물이다. 인간이 살아가면서 관련을 맺는 모든 관계는 다 사회활동이 된다. 이 항목에는 소모임이나 동아리 활동, 학과활동, 어학연수, 사회봉사, 종교활동 등등의 많은 것들이 포함될 수 있다. 사회활동이 꼭 거창해야만 한다는 편견도 버리자. 편견을 버리고 나면 쓸 것이 많아진다. 각각의 활동을 어떤 각도에서 제시하느냐에 따라 다양한 스토리텔링이 가능해진다. 앞에서 썼던 항목 중 아쉬웠던 부분이 있었다면 이 부분에서 미진한 부분을 어필할 수 있는 방향으로 글을 전개하는 것도 좋다.

6) 앞으로의 포부

'how'에 해당되는 내용이 구체적으로 제시되어야 한다. 꿈이 없는 사람만큼 매력이 없는 사람은 없다. 반대로 사람을 매력적이게 만드는 것은 가치 있는 꿈이다. 단지 돈을 벌기 위해 일하는 사람은 사회적으로 성공할 수 없다. 가치를 위해 일해야만 성공할 수 있다. 기업은 그렇게 성공한 사람들의 결과물 위에서 성장한다. 한 기업이 여러분을 채용한다면 그것은 여러분에게서 성공의 가능성을 보았기 때문이다. 그 가능성을 가늠할 수 있는 가장 좋은 근거는 바로 여러분의 꿈이 지닌 가치와 포부에 있다. 구체적이고 진정성 있게 자신의 포부를 제시하라.

이 외에도 자기소개서의 다른 유형들을 찾아보고, 위의 6가지 내용이 각각 어떤 항목에서 제시되어야 하는지 조별로 서로 이야기해보는 시간을 갖도록 하자.

제11강 자기소개서, 객관화된 '나'를 만나자

이번 강의에서는 여러 가지 자기소개서를 읽어보는 시간을 갖도록 한다. 다음에 제시되는 자기소개서들은 실제 학생들이 입사 지원이나 진학을 목표로 쓴 자기소개서이다. 각각의 자기소개서가 가진 문제점을 분석함으로써 어떤 부분을 보강하면 좋을지 고민해 보자.

1. 성장배경

성장배경에서 주목해야 할 내용은 자신의 '과거'이다. 자기소개서가 한 사람의 History를 담아내는 글이라는 점에서 성장배경은 그 출발점이라 할 수 있다. 대부분의 기업이나 재단이 성장배경을 자기소개서의 첫 번째 항목으로 제시하는 데는 다 이유가 있다. 과거가 없는 현재란 존재할 수 없기에, 그 사람을 이해하기 위한 기본 단계로서 성장배경을 제시하게 하는 것이다. 다음 학생의 글을 통해 여러분이 쉽게 범할 수 있는 문제점을 살펴보도록 하자.

> ### 단칸방에서 미래를 꿈꾸다
>
> 남루한 단칸방과 연탄보일러. 이것은 초등학교 시절 제 가족의 모습이었습니다. 그러나 저는 그 역경을 딛고 자수성가하신 부모님을 통해 절망이 아닌 희망을 배울 수 있었습니다. 아버지는 언제나 새벽 5시면 기상해서 하루를 남들보다 더 일찍 시작하셨습니다. 처음에는 구멍가게에서 시작했던 아버지의 가게가 점차 커져 제법 규모 있는 상점으로 자리 잡게 된 것은 이와 같은 성실함이 뒷받침되었기 때문이라고 생각합니다. 그러나 아버지의 힘만으로 모든 것을 이룰 수 있었던 것은 아닙니다. 거기엔 어머니의 인내와 내조가 더해졌습니다. 어려운 환경에서 성장한 저와 제 형제들이 가난의 그늘 없이 자랄 수 있었던 것은 항상 웃음을 잃지 않으셨던 어머니의 보살핌이 있었기 때문입니다. 이처럼 갖지 못한 것이 많기에 앞으로 가질 수 있는 것이 더 많다는 사실은 저를 매사에 적극적이고 성취욕이 강한 사람으로 성장시켰습니다.
>
> 〈학생글〉

이 자기소개서의 가장 큰 문제점은 자기소개서의 주인공이 누구인지를 잊고 있다는 데 있다. 자기소개서의 주인공은 그 어떤 상황에서도 글쓴이 자신, '나'가 되어야 한다. 그런데 이 글에서는 글쓴이의 부모님이 주인공이 되어 있다. 부모님의 성실함과 배려는 주목할 만하지만, 이 글의 주인공이어야 할 '나'는 부재한다. 기업이나 재단은 여러분의 부모님을 뽑고 싶은 것이 아니다. 여러분 자신이 인재가 되어야 한다. 부모님이 아닌 '나'가 인재임을 보여주라.

이제 여기서 지적하지 않은 문제점은 무엇이 있는지 좀 더 논의해보고 그 이유에 대해서도 제시해 보도록 하자.

2. 성격의 장단점

성장배경이 '나'의 과거에 주목한 항목이라면, 성격의 장단점은 '나'의 현재에 주목해야 되는 항목이다. 인재의 가장 중요한 능력은 '소통'이다. 아무리 뛰어난 재능과 지식을 가졌다고 하더라도 다른 사람과 소통할 수 없는 사람이라면 그 어느 곳에서도 환영받을 수 없다. 지원자의 성격을 보는 이유는 바로 이 소통의 능력을 보기 위함이다. 거기에 포커스를 두어야만 성공할 수 있다. 다음은 생산관리 직무에 지원하는 학생의 글이다. 이 글의 문제점을 분석해보자.

> 행동하는 삶. 이것은 저의 생활신조입니다. 아무리 좋은 생각을 가지고 있다고 해도 행동으로 옮기지 않는다면 무의미하기 때문입니다. 그래서 저는 저의 20대를 항상 능동적으로 도전하고 실천하는 것으로 채웠다고 자부합니다. 배낭 하나로 유럽과 아시아의 오지를 누비며 언어와 문화를 배울 수 있었던 힘은 바로 거기에 있다고 생각합니다. 이렇게 발로 얻은 글로벌 마인드야말로 제가 가진 최대의 강점이라고 생각합니다. 반면 바로 이러한 점 때문에 저는 때로 즉흥적이라는 오해를 받기도 합니다. 실제로 다소 계획성이 부족한 것도 사실입니다. 그러나 계획에 얽매이기보다 자신의 아이디어를 능동적으로 실천해나가는 편이 더 21세기형 인재에 적합하다고 생각합니다.
>
> 〈학생글〉

일단 장점과 단점을 2 : 1의 비율로 제시한 점은 나쁘지 않다. 자기소개서란 자기PR이 기본이 되는 글이기 때문에 장점이 더 적극적으로 제시되어야 한다. 그런데 단점을 제시하면서 이 학생은 한 가지 놓친 부분이 있다. 그것은 바로 자신이 어떤 직무에 지원했는가를 잊었다는 점이다. 생산관리라는 직무는 굉장히 정밀하고 계획적인 일과를 요구한다. 따라서 계획성이 부족하다는 것은 충분히 마이너스가 될 수 있는 요소이다. 이를 극복하기 위해 단점이 마치 장점인 것처럼 바꾸었는데, 이것은 바람직한 방법은 아니다. 단점을 제시할 때는 정말 단점인 것을 제시해야 하며, 그것에 대한 극복 방안이 함께 제시되어야 한다.

이제 여기서 지적하지 않은 문제점은 무엇이 있는지 좀 더 논의해보고 그 이유에 대해서도 제시해 보도록 하자.

3. 지원동기

　　지원동기를 쓸 때 가장 중요한 것은 바로 '왜?'에 답하는 것이다. 왜 내가 여기에 왔는지를 보여줌으로써 왜 자신을 뽑아야 하는지를 부각시키는 것이다. 따라서 다른 경쟁자보다 나은 자신만의 강점이나 열정을 보여주는 것에 주력해야 한다. 다음은 신문방송학과에 지원한 학생의 자기소개서이다. 이를 분석해보자.

> 제 꿈은 기자가 되는 것입니다. 제가 생각하는 기자의 가장 큰 덕목은 진실을 보는 '눈'입니다. 그러나 단지 진실만을 전달한다고 해서 좋은 기자가 되는 것은 아닙니다. 세상의 그늘에 따뜻한 시선을 건넬 수 없는 진실이라면 그것은 때로 폭력이 될 수도 있음을 알아야 합니다. 제가 ○○대학교에 지원하게 된 이유는 언론 리더의 산실인 ○○대학교 신문방송학과라면 기자로서의 제 꿈을 키울 수 있는 곳으로 적합하다고 생각했기 때문입니다. 20세기가 전쟁이라는 폭력의 한 세기였다면, 21세기는 평화와 소통의 한 세기가 되어야 한다고 생각합니다. 그러기 위해서 배려와 소통을 중요시하는 여성적인 태도와 여성 리더의 역할이 더욱 중요하다고 생각합니다. ○○대학교라면 따뜻한 시선으로 세상을 아름답게 만드는 기자의 삶을 살고자 하는 저의 이상이 바르게 성장할 수 있도록 이끌어 줄 것이라고 생각합니다.
>
> 〈학생글〉

기자를 지망하는 학생의 장래희망과 학과의 연결성이 적절하기 때문에 지원동기 자체가 큰 문제를 지니고 있지는 않다. 전체적으로 고3 학생의 수준이라고 생각했을 때는 크게 나쁘지 않은 자기소개서라고 할 수 있다. 그러나 좀 더 구체적으로 문제점을 파악해 보자면 이 자기소개서는 결정적으로 '왜'에 답하지 못했음을 알 수 있다. 지원한 이유는 알겠지만, 특별히 지원 학생만이 지닌 장점이 부각되어 있지 않다. 따라서 읽는 사람의 입장에서는 왜 이 학생을 뽑아야만 하는지가 충분히 설득되지 않는 것이다.

이제 여기서 지적하지 않은 문제점은 무엇이 있는지 좀 더 논의해보고 그 이유에 대해서도 제시해 보도록 하자.

4. 앞으로의 포부

앞서 보았던 자기소개서의 항목들은 과거와 현재를 기술하는 것으로, 눈에 확연히 드러나는 자신의 가치들을 제시하기를 요구했다. 반면 앞으로의 포부는 아직 표출되지는 않았지만 앞으로 나타날 것으로 예상되는 가치를 기술하는 것이다. 그래서 다른 어떤 항목들보다 진정성이 느껴져야 할 필요가 있다. 조금만 과하면 지나치게 자신을 치장하는 허풍쟁이처럼 느껴질 수 있기 때문이다. 다음은 교육대학원에 진학하는 학생의 포부이다. 함께 읽고 논의해보자.

교육자로서, 그리고 교육을 전공할 학자로서 저의 포부는 '소통'에 있습니다. 저는 진정한 교육
자는 단순히 지식의 전달자가 아니라 소통의 매개자가 되어야 한다고 생각합니다. 저는 학생들
이 세상을 바라보는 자기만의 방식을 배워나갈 수 있도록 이끄는 교육자가 되고 싶습니다.
그러기 위해 대학원 2년 과정 동안 그 누구보다도 성실하게 학업을 수행할 자신이 있습니다.
물론 학부에서 교육학을 전공하지 않은 저보다 우수하고 뛰어난 지원자들이 많을 것이라고
생각합니다. 하지만 교육자로서 제가 가지고 있는 꿈의 크기는 그 누구에게도 뒤지지 않는다고
생각합니다. 아이들의 꿈에 함께 교감하고 더 나은 교육을 위해 항상 스스로 공부하기를 게을리
하지 않는 '선생님'이 되기 위해 오랜 시간 준비해왔습니다. 지금의 제가 아닌, 제가 가진 가능성
을 선택해 주십시오. 조금 멀리 돌아온 꿈이기에 정말 성실하게 최선을 다해 연구하고 성장하겠
습니다.

〈학생글〉

전체적인 흐름이 나쁘지는 않다. 그러나 포부를 쓰는 항목이고 그 핵심을 '소통'이라
고 제시했지만, 그에 대한 내용보다는 비전공자인 자신의 취약점을 메우는데 더 많은
기술이 할애되고 있다. 이 때문에 오히려 글의 일관성은 흐트러지고 말았다. 비전공자인
것 자체가 마이너스는 아니다. 오히려 이 경우에는 비전공자로서 느꼈던 부족함이라든지,
그 때문에 얻을 수 있었던 간절함 같은 것을 더 강조하는 편이 더 바람직하다.

여기서 지적하지 않은 문제점은 무엇이 있는지 좀 더 논의해보고 그 이유에 대해서도
제시해 보도록 하자.

5. 다른 사람의 자기소개서 평가하기

기초적인 연습이 끝났다면 본격적인 분석을 시도하자. 다음은 ○○자동차에 실제 입사자의 자기소개서이다. 이 글을 읽고 각 항목별 필요요소가 무엇인지 분석하고 그에 따라 장단점을 지적해보자.

---

1. ○○자동차에 지원하게 된 동기 또는 해당 직무에 지원하게 된 동기는 무엇입니까?
(공백포함 500자)

유리 구두의 비밀을 아십니까?

신데렐라의 유리 구두는 자신을 둘러싼 모든 이에게 최선을 다하는 숨은 노력의 결과물입니다. 글로벌 ○○자동차의 오늘 역시 구성원 모두의 최선을 통해 이루어낸 최고라고 생각합니다. 저는 학교에서 주최한 자기 개발 해외연수프로그램에 장학생으로 선발되어 중국 북경에 ○○자동차를 방문한 적이 있습니다. 당시 저를 매료시킨 것은 ○○자동차의 거대한 규모가 아니라 현직자들의 놀라운 자부심이었습니다. 기업이 그 기업의 인재를 꿈꾸게 할 수 있다는 것, 그 자체로 ○○자동차는 제 꿈이 되었습니다. 저는 기계공학부에서 산업정보시스템공학부로 전과하면서 '제너럴리스트형 스페셜리스트'를 꿈꾸었습니다. 컴퓨터공학, 기계공학, 품질 공학을 비롯하여 CPIM과 6시그마에 대한 폭넓은 지식과 복수 전공이었던 경영학에 대한 지식을 바탕으로 ○○자동차에 꼭 맞는 유리 구두를 제작할 인재가 되어, 글로벌 ○○자동차와 행복한 성장을 함께하겠습니다.

2. 가장 열정/도전적으로 임했던 일과 그 일을 통해서 이룬 것에 대해 상세히 기재하여 주십시오.
(최대 700자 이내로 작성)

"가슴이 뛰는 삶"

무엇인가를 공부한다는 것이 한 사람의 가슴을 이토록 설레게 할 수 있다는 사실을 저는 대학에 와서야 깨달았습니다. CPIM(Certified in Production & Inventory Management) 자격증 취득을 목표로 하는 학회에 가입하면서 스스로 자신의 학업 스케줄을 작성하고 컨트롤해서 목표를 향해 나아간다는 것이 얼마나 중요한지 깨닫게 된 것입니다. 부족한 영어실력과 쉴 틈 없이 이어지는 학회의 일정은 너무나 큰 무게로 다가왔습니다. 매일 한 단원씩 진행되는 예비 세미나에 참여하기 위해 도서관에서 3~4시간의 시간을 보내는 것은 기본이었고 발표를 해야 할 때에는 밤을 새워서 준비하는 일도 비일비재하였습니다. 선배초청 세미나가 있는 날이면 선배들의 질문에 답하기 위해서 식사를 거르며 공부하는 것도 예사였습니다. 더구나 학부공부 및 프로젝트와 병행하기에는 하루 24시간도 턱없이 부족하다고 느껴졌습니다. 때론 포기하고 싶을 때도 잦았지만, 1년간 노력의 과정을 통하여 BSCM, MPR, DSP의 모듈에 합격하는 성과를 낼 수 있었습니다. 그러나 한 장의 자격증보다 더 중요한 것은 하나의 산을 넘을 때 더 크게 성숙하고, 더 큰 목표를 가질 수 있음을 배운 것이라고 생각합니다. 하루하루 더 성장하며 ○○자동차의 엔진과 같은 인재가 되겠습니다.

3. 타인과 함께 일을 할 때 귀하가 지닌 장점과 단점에 대해 상세히 기재하여 주십시오.

(최대 700자 이내로 작성)

캠퍼스 유도 사나이

난관 앞에서도 포기하지 않는 적극성과 투지는 저의 가장 큰 장점입니다. 대학 시절, 2주라는 짧은 기간 동안 유도 동아리 창립을 위한 홍보 활동을 한 적이 있습니다. 비인기 종목인 유도에 대한 학생들의 반응은 그리 호의적이지 않았습니다. 저는 친구들과 함께 유도복을 입고 학교를 돌아다니며 동아리를 소개하고, 매트까지 가져와 교내에서 유도대련 시범을 보이는 등 적극적인 홍보를 통해 마감일 전에 최소 인원이었던 20명보다 많은 학생을 모을 수 있었습니다.

이러한 경험은 저의 가장 큰 단점이었던 직설적인 화법에도 영향을 주었습니다. 동아리 창립을 위해 여러 친구들을 설득하면서 진정한 리더십은 비난이 아닌 성실한 비판이 되어야 함을 깨달았던 것입니다. 단점보다는 장점을 극대화 시켜 일을 진행하는 것이 훨씬 능률적이라는 사실도 알게 되었습니다. 이러한 과정을 통해 저는 독선이 아닌 설득과 조화, 그리고 협력을 통해서만 진정한 혁신을 이룰 수 있다는 소중한 깨달음을 얻을 수 있었습니다.

사업관리 영역은 기업의 사업 전반을 리드하고 여러 분야의 전문가를 독려해야 합니다. 가히 사내영업이라 할 수 있는 이 분야를 위해서는 적극적이면서도 유쾌한 리더십을 가진 인재가 필요하다고 생각합니다. 유도복 자락을 날리며 캠퍼스를 거침없이 누비면서 배운 그 교훈을 무기로, ○○자동차의 든든한 토대가 될 인재로 제 자신을 소개하고 싶습니다.

4. 다양한 경험 중 중요하게 생각하는 경험을 한 가지 선택하여 서술하고 그를 통해 이룬 일에 대해 기재하여 주십시오.

(최대 500자 이내로 작성)

준비하는 사람에게만 기회가 온다.

이것은 낯선 호주에서 짧은 영어로 어학공부와 아르바이트를 병행해야 했던 제 자신에 대한 다짐입니다. 건강한 몸과 배짱, 무모한 의지만 믿고 준비 없이 떠났던 호주에서의 생활은 그리 만만하지 않았습니다. 생계를 위해 수많은 공장에 이력서를 보냈지만 아무런 연락도 없었고, 생활비에 대한 부담은 커졌습니다. 그래서 매일 새벽에 일어나서 1시간 정도 거리에 있는 공장에 찾아가 관리자에게 눈도장을 찍었습니다. 일이 많거나 대타인원이 필요하면 하루라도 좋으니 일을 시켜달라고 부탁했습니다. 2주가 지났을 무렵 '키샤'라는 한 공장의 관리자에게 영어테스트 겸 저녁식사 초대를 받았습니다. 저는 이 기회를 놓치지 않았습니다. 부족한 솜씨지만 불고기를 만들어가 한국 음식을 소개했고, 자신감 있게 제게 왜 일이 필요한지를 설득하며 대화를 주도했습니다. 저는 자리를 얻을 수 있었고, 그 일을 통해 저는 오직 준비하는 사람에게만 기회가 찾아온다는 정말 소중한 깨달음을 얻었습니다.

〈학생 글〉

앞에서 우리는 일반적인 자기소개서의 요구사항을 대략 6개의 항목으로 구분하였다. 다시 한 번 정리하면 다음과 같다.

① 성장배경
② 성격의 장단점
③ 지원동기
④ 지원자의 역량
⑤ 사회활동
⑥ 앞으로의 포부

실습예제 1. 위의 예문에서 제시된 4개의 질문은 각각 6가지 항목 중 어떤 내용을 요구하는 것인지 평가해보자.

2. 위 입사지원자의 자기소개서는 그 내용을 잘 반영했는지 그렇다면 어떤 점에서 그러한지, 잘 반영되지 않았다면 왜 그런지에 대해서 이유를 써보자.

제12강 맛있게 요리하는 대학보고서

1. 메인 메뉴는 무엇인가? – 문제의 발견

1) 메모하라

보고서를 쓰기 위해 가장 먼저 해야 할 일은 무엇을 쓸 것인지를 정하는 것이다. 음식을 만들 때, 메인 메뉴가 정해져야만 그에 따른 음식재료를 결정할 수 있다. 보고서도 마찬가지이다. 핵심주제가 무엇인지 결정해야만 그에 따른 자료를 찾을 수 있다. 우리는 4강~6강을 통해 이미 문제를 발견하는 과정을 공부했다. 여기서는 이에 더하여 주제를 발견하기 위해 아주 좋은 방법으로 '메모'를 제안하고자 한다. 사카토 켄지가 제안한 메모의 7단계를 기억하자.

① 언제 어디서든 메모하라.
② 주위 사람들을 관찰하라.
③ 기호와 암호를 활용하라.
④ 중요 사항은 한눈에 띄게 하라.
⑤ 메모하는 시간을 따로 마련하라.
⑥ 메모를 데이터베이스로 구축하라.
⑦ 메모를 재활용하라.

2) 질문을 던져라.

다시 반복하지만 문제를 발견하기 위해 질문하기보다 더 손쉬운 방법은 없다. 복습을 하는 마음으로 다시 한 번 여섯 개의 물음표, 육하원칙에 따라 질문해보자.

① who : 누가 이 문제에 관심을 가지는가?
② when : 언제 이 문제가 부각되었는가?
③ where : 어디서 이러한 문제가 발생되는가?
④ what : 문제는 무엇으로 정의될 수 있는가?
⑤ why : 왜 이 문제에 관심을 가져야 하는가?
⑥ How : 어떻게 이 문제를 해결할 것인가?

2. 요리의 기본은 재료에 있다 - 자료 조사 및 정리

1) 자료 검색

맛있고 영양 많은 요리를 만들기 위해서는 어떤 준비가 필요할까? 아무리 훌륭한 솜씨를 지닌 요리사라고 할지라도 상하기 직전의 재료로는 좋은 요리를 만들기 힘들다. 따라서 좋은 재료를 준비하는 것은 요리의 기본이라 할 수 있다. 글쓰기도 마찬가지이다. 좋은 글을 쓰기 위해서는 먼저 적합한 자료를 준비해야 한다. 요즘은 시대가 좋아져서 집이나 학교에 앉아서도 얼마든지 자료를 탐색하고 수집할 수 있다.

① 주제와 관련된 키워드를 뽑아낸다.
② 국회도서관, 국립도서관, 학교 도서관 등의 사이트를 적극 활용한다.
③ 신문, 잡지, 홈페이지, 블로그 등도 적극 검색한다.
④ 기본 정보를 탐색했으면 발품을 팔아라.

2) 자료의 평가

자료를 다 수집했는가? 그러나 자료는 단지 모은다고 보배가 되는 것은 아니다. 필요한 자료와 필요하지 않은 자료를 구분하는 것도 중요하다. 그러기 위해서는 수집된 자료를 적절하게 분석하고 선별할 필요가 있다. 때로는 정말 힘들게 구한 자료를 사용할 수 없는 경우도 많다. 그 경우 절대 아까워하지 말라. 수집하는 과정도 공부이다. 힘들게 구한 자료라고 마구 사용하다가는 오히려 글의 전체적인 논리체계를 망칠 수도 있다. 수집된 자료는 다음과 같은 기준에 의해 분별할 필요가 있다.

① 내가 다루려는 문제와 관련이 있는가?
② 제기된 문제는 무엇인가?
③ 어떤 결론에 도달했으며, 그것은 타당한가?
④ 논증에 사용된 자료는 충분한가?
⑤ 논증에 사용된 자료는 신뢰할 수 있는가?
⑥ 기존 연구와의 차별점은 무엇인가?
⑦ 논점의 기본적인 전제는 무엇인가?
⑧ 연구의 방법론은 무엇이며, 그것은 타당한가?
⑨ 논리적 비약이나 결함은 무엇인가?

3. 자료의 기록 방법

1) 서지사항을 완벽하게 기록한다.

자료를 기록할 때는 항상 저자명, 저술명, 출판사명, 간행연도 등의 서지사항을 완벽하게 기록해두는 것이 중요하다. 서지사항을 기록하지 않으면 자료는 무용지물이 된다. 출처를 알 수 없는 자료는 인용할 수 없기 때문이다.

2) 인용, 요약, 자신의 의견, 문제점 등을 구분하여 기록한다.

자료를 기록하는 단계에서 다른 사람의 의견을 인용한 것인지, 다른 글에 대한 요약인지, 자신의 의견인지를 분명히 표시해두면 표절에 따른 문제점을 사전에 예방할 수 있다.

3) 대략의 목차에 맞춰 자료를 구분한다.

컴퓨터의 폴더를 만들어 각각의 파일을 구분하는 이유가 무엇일까? 하나의 파일을 찾기 위해 모든 파일을 뒤져야 하는 상황을 막기 위해서이다. 자료를 기록할 때도 마찬가지이다. 대략의 목차를 미리 생각해두고 그에 따라 자료를 구분하면 필요한 자료를 찾기 위해 자료더미를 처음부터 뒤져야 하는 상황을 피할 수 있다.

4) 외국어로 된 자료는 원문과 출처를 정확하게 기록한다.

외국어로 된 자료는 한국어로 된 자료보다 기록에 주의해야 한다. 번역에만 치중하다 보면 자칫 원문과 출처를 제대로 기록하지 않아 번역 자체가 무용지물이 되는 경우가 종종 발생한다.

5) 외국어 자료는 미리 번역해 둔다.

너무나 당연한 말이지만 외국어 자료는 미리 번역해야 한다. 그래야만 어느 부분에서 필요한 내용인지 파악할 수 있기 때문이다.

3. 본격적인 요리의 시작 – 보고서의 체재와 구성

보고서라고 하면 모두 어렵게만 느끼지만, 실제로 보고서의 구성은 상당히 간단하다. '머리말–본문–맺음말'의 3단구성이 일반적이다. 대부분의 보고서가 글쓴이의 주장을 담은 글이라는 점에서 이것은 다시 '서론–본론–결론'으로 구분될 수 있다. 각각의 단계에서 어떤 내용이 들어가야 하는지 구체적으로 살펴보자.

1) 서론

서론은 보고서 전체를 아우르는 주제를 보여준다는 점에서 매우 중요하다. 특히 글을 쓴 사람이 왜 이 주제를 선택했는지, 어떤 방향에서 어떤 방법으로 연구했는지를 독자에게 대략적으로 보여주어야 한다. 따라서 서론에서는 다음의 3가지 내용이 제시되어야 한다. ①문제제기, ②연구사 검토, ③연구방법론. 이 중에서도 가장 중요한 것은 문제제기이다. 왜 이 주제가 논의될 만한 문제인지를 보여주어야만 독자는 독서를 하겠다는 의욕을 가질 수 있기 때문이다. 따라서 문제가 '문제'임을 보여주는 것이야말로 서론의 가장 중요한 목적이라 할 수 있다.

2) 본론

본론은 보고서에서 가장 많은 분량을 차지하고 있지만, 엄밀히 말하자면 서론의 문제를 구체화시키는 것이라고 할 수 있다. 한 문장의 주제를 설득력 있게 전달하기 위해 여러 자료와 근거, 주장을 바탕으로 논의를 전개하는 것이다. 본론을 쓸 때 항상 기억해야 하는 것은 자신의 관점이 무엇이냐를 보여주는 것이다. 긴 글에 익숙하지 않은 학생들은 종종 본론을 쓰다가 서론의 문제제기와는 전혀 다른 엉뚱한 내용으로 빠지는 경우가 많다. 글의 주제와 전체적인 통일성과 일관성을 고려하면서 기술하자.

3) 결론

결론은 말 그대로 앞에서 살펴보았던 모든 내용을 종합적으로 판단하는 것이다. 일반적으로 결론의 주요 내용은 서론과 본론에 대한 대략의 요약이지만, 결론에서 요약을 넘어서는 해답도 제시되어야 한다는 점에서 주목을 요한다.

서론-본론-결론의 구성을 간략하게 정리하면 다음과 같다.

```
I  서론
   1. 문제제기
   2. 연구사 검토
   3. 연구방법론
II 본론
   1. 본론1
   2. 본론2
   3. 본론3
III 결론
```

4. 주석과 참고문헌

1) 내용에 따른 주석의 종류

주석이란 기본적으로 다른 사람의 글을 인용했음을 밝힐 때, 본문에 넣을 수 없는 보충설명이 필요할 때, 독자에게 내용의 이곳저곳을 연결시켜서 볼 것을 요구할 때 사용한다. 이러한 주석은 내용에 따라 다음과 같이 구별될 수 있다.

① 인용주석

다른 사람의 글이나 말을 인용했음을 밝히는 주석이다. 그 형태는 다음과 같다.

> "공공적 공간은 모든 사람들의 '자리' = '장소'가 마련되어 있는 공간이다."[164] 구보의 관찰은 공공적 공간을 확인하는 것이며, 동시에 타자에 대한 관심을 바탕으로 공공적 공간을 확대하는 행위이기도 했다.
>
> ――――――――――
> 164) 사이토 준이치, 『민주적 공공성』, 윤대석·류수연·윤미란 옮김, 이음, 2009, 154면.

② 내용주석

내용주석은 본문에 넣을 수는 없지만, 해당 부분을 이해하는데 꼭 필요한 보충설명을 덧붙일 때 사용하는 주석이다.

> 프로이트(Sigmund Freud, 1856년~1939년)[112]에 따르면 신경증을 이루는 중요한 요소는 상처와 환상이다. 상처는 강렬한 유혹이 되는데, 환상은 그 유혹을 실현하고자 하는 욕망의 동력이다.
>
> ――――――――――
> 112) 오스트리아의 신경과 의사이며, 정신분석학의 창시자. 히스테리 환자를 관찰하고 최면술을 행하며, 인간의 마음에는 무의식이 존재한다고 하였다. 꿈·착각·해학과 같은 정상심리에도 연구를 확대하여 심층심리학을 확립하였다.

③ 상관참조주석

상관참조주석은 논문의 여러 부분 사이의 상호연관성을 지시하는 역할을 담당한다.

> 전자상거래의 방법에 대해서도 다양한 유통경로를 접목시켜 차분히 접근해볼 필요가 있다. 기존 농산물 거래와 마찬가지로 농산물 전자상거래도 우선 생산자와 소비자를 바로 연결하는 데는 한계가 있다.[10] 따라서 초기단계에는 생산자와 개인소비자, 혹은 생산자와 요식업자 등과 같은 대량거래처가 서로 연계하여 시작하더라도 일시적이면서 작은 소규모 거래가 아닌 일정 수준이상의 단위거래가 정기적으로 이루어지도록 노력하여야 한다.
>
> ――――――――――
> 10) 일반적인 전자상거래와 농산물 전자상거래와의 관계에 대한 내용은 3장의 표1)을 참조하기를 바란다.
>
> 〈학생 글〉

여기서 우리가 좀 더 주목해야 할 것은 인용주석이다. 위에서는 가장 일반적으로 사용되는 외각주 형태로 주석을 제시했다. 인용주석을 달 때는 인용한 책의 서지사항을 정확하게 기록해야 하는데 거기에는 일정한 규칙이 있다. 다음 단계에서는 그 형태를 살펴보자.

2) 인용 형식에 따른 주석의 종류

페이지의 하단에 주석을 다는 가장 일반적인 형태의 주석을 각주라고 하는데 이러한 각주는 크게 외각주와 내각주로 구분된다.

(1) 외각주

일반적으로 각주라고 하면 외각주를 말한다. 외각주는 가장 일반적인 주석의 형태로 인용할 때, 해당 페이지의 하단에 인용 정보를 모두 밝혀 놓는 형태의 주석을 말한다. 그 형식은 다음과 같다.

① 국문, 동양어의 경우

저자명, 「논문명」, 『책제목』, 역자명/편자명/편역자명, 출판사, 출판연도, 인용면수.

예 1) 한나 아렌트, 『인간의 조건』, 이진우 · 태정호 옮김, 한길사, 1996, 112면.
   2) 金和次郎, 「考現學總論」, 『考現學入門』, 築摩書房, 1987년, 371면.

② 구미어의 경우

저자명, "논문명", *책제목*, 역자명/편자명/편역자명, 출판지:출판사, 출판연도, 인용면수.

예 Bruce Cummings, "The Origins an Development of the Northeast Asian Political Ecomomy", *International Organization*, Vol.38, No.1, 1984, pp.36-63.

구미어로 된 글의 경우 책제목을 이탤릭체로 표시한다는 것을 잊지 말자.

(2) 내각주

　　내각주에 들어가야 하는 기본적인 서지사항은 외각주와 크게 다르지 않다. 그러나 내각주는 자세한 인용 정보는 참고문헌란에 표시하고, 해당 페이지에는 글쓴이와 간행 연도, 인용 페이지만을 간략하게 표시하는 방법이다. 사회과학계열의 논문에서는 이 방법을 많이 사용한다. 외각주에서 보았던 주석과 비교하여 형식을 살펴보자.

외각주	내각주
"공공적 공간은 모든 사람들의 '자리'='장소'가 마련되어 있는 공간이다."164) 구보의 관찰은 공공적 공간을 확인하는 것이며, 동시에 타자에 대한 관심을 바탕으로 공공적 공간을 확대하는 행위이기도 했다.	"공공적 공간은 모든 사람들의 '자리'='장소'가 마련되어 있는 공간이다."(사이토 준인치, 2009:154) 구보의 관찰은 공공적 공간을 확인하는 것이며, 동시에 타자에 대한 관심을 바탕으로 공공적 공간을 확대하는 행위이기도 했다.
164) 사이토 준이치,『민주적 공공성』, 윤대석·류수연·윤미란 옮김, 이음, 2009, 154면.	
참고문헌	참고문헌
사이토 준이치,『민주적 공공성』, 윤대석·류수연·윤미란 옮김, 이음, 2009.	사이토 준이치(2009),『민주적 공공성』, 윤대석·류수연·윤미란 옮김, 이음.

　　이때 주의할 것은 내각주의 형식을 사용할 경우 참고문헌의 서지사항 배열이 조금 달라진다는 점이다. 표를 보면 알겠지만, 내각주에서는 출판연도가 저자명 바로 뒤에 온다.

(3) 미주=후주

　　이번에 공부할 것은 이공계열에서 주로 사용하는 미주(후주)이다. 이는 주석을 해당 페이지에 쓰지 않고 본문의 맨 뒤에 몰아넣은 주석으로, 주석 내용을 본문 끝에 모아서 제시하는 방법이다. 미주를 사용할 때 가장 주의해야 할 것은 주석번호이다. 주석번호가 제시되는 순서대로 계속 달라지는 외각주와 달리 미주는 동일한 책에 대해서는 동일한 주석 번호가 부여된다는 사실을 잊지 말자. 다음 논문을 참조하여 미주의 형태를 이해해보자.

Ⅰ. 서 론

UWB통신기술은 3GHz에서 10GHz 사이에서 중심주파수 대비 대역폭이 20% 이상이거나, 500MHz 이상의 주파수 대역폭을 사용하며 FCC에서 규정한 송출전력한계치의 범위 이내에서 사용되는 무선통신 기술을 의미한다 [1].

UWB 무선통신기술이 초기에 제안되었을 때는 송신전력이 미약해서 3GHz에서 10GHz대역 내의 다른 통신시스템에 대한 간섭이 미약하다고 하였다. 다수의 UWB 시스템이 같은 공간에 존재할 경우 방사 제한을 따르는 -41.3dBm/MHz의 낮은 수준의 전력이라 할지라도 신호들의 누적 현상으로 인해 밴드 내외의 협 대역 통신 시스템에게 영향을 미칠 가능성이 충분히 존재할 수 있으며 UWB 단말기 간에도 간섭을 일으킬 가능성이 있다. 이에따라 최근에 ITU-R(International Telecom- munication Union - Radio)에서 UWB 특성, UWB 이용제도, UWB 간섭영향 분석 등에 대한 권고안을 제시하였다[1].

우리나라에서 발표된 UWB 주파수 분배방안의 주요 내용을 살펴보면 다음과 같다. 주파수대는 3.1~4.8GHz(Low Band), 7.2~10.2GHz (High Band) 2개 대역으로 정하였다. 저주파수 대에서는 기존 이용 주파수 및 차세대 이동통신 주파수와의 간섭을 고려하여 간섭회피기술(DAA)을 적용한 UWB 시스템만이 사용가능하다. 이때 허용출력은 -41.3dBm/MHz이고 실내외에서 통신용도로 허용하는 것으로 되어 있다. 다만, 저주파수대에서의 간섭 회피 기술 적용은 차세대 이동통신용 주파수 결정과 이의 표준화시기 등을 감안하여 4.2~4.8GHz(600MHz 폭)에서 DAA기술적용을 2010년 6월까지 유예하기로 하였다.[3] Underlay 방식인 UWB 시스템 간의 간섭 문제와 UWB스펙트럼과 중첩되는 영역의 보호문제를 해결하고자, Overlay 방식인 무선 인지 기술(Cognitive Radio)을 UWB 시스템에 적용하는 방안이 대두되고 있다. 이에 따라 본 논문은 무선 인지 기술과 다중대역(Multiband) 방식을 이용한 새로운 간섭 회피 방법을 제안하여 국내 UWB 스펙트럼 환경에 부합하는 TH-UWB 시스템을 설계한다.

본 논문에 이용된 무선 인지 기술의 최적화 연산 알고리즘은 기존에 제시된 기존의 Hill-Climbing 알고리즘 및 고정점 반복(Fixed-Point Iteration)알고리즘은 연산량이 많고 최적 해를 찾을 수 없는 경우가 있기 때문에, 유전 알고리즘을 사용하여 성능을 평가하였다 [2].

이에 따른 본 논문의 구성은 다음과 같다. 2장에서는 국내 스펙트럼에 맞는 펄스 성형에 대해 알아본다. 3장에서는 유전 알고리즘을 적용한 무선 인지 기술의 개념을 소개하고, 무선 인지기술을 적용한 TH-UWB시스템을 설계한다. 4장에서 모의실험을 하여 시스템에 대한 성능을 평가한 후, 5장에서 결론을 맺는다.

Ⅱ. 국내 UWB 스펙트럼 마스크에 적합한 펄스 성형

1. 국내 UWB 무선전송 스펙트럼 마스크

최근 정보통신부는 유비쿼터스-홈시대의 무선 네트워크로의 가치에 중점을 두면서 UWB 주파수분배(안)를 마련하고 산업체, 통신사업자, 이용자 등 이해 관계자들의 의견수렴을 위한 공청회를 개최하였다. 서론에서 언급한 대로 이 공청회에서는 3.1~4.8GHz(Low Band), 7.2~10.2GHz(High Band) 2개 대역으로 국내 스펙트럼 환경을 정하였으며, 거기서 결정된 국내 UWB 스펙트럼 제한은 <그림 1>과 같다 [3].

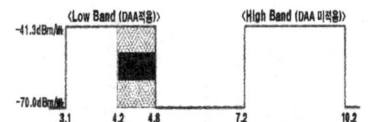

<그림 1> 국내 UWB 스펙트럼 제한
<Fig. 1> Domestic UWB spectrum limit

의 Hill-Climbing으로 3200MHz~4700MHz까지 2.5MHz씩 순차적으로 주파수를 변화시켜 찾는다면 최적의 값을 찾는데 최소 600회 이상의 연산을 필요로 한다. 그러나 유전 알고리즘을 사용할 경우에는 랜덤하게 생성된 초기 값을 기초로 최적의 값을 빠르게 찾아가기 때문에, 순차적으로 찾아가는 방법보다 획기적으로 빠르게 간섭대역을 찾을 수 있음을 확인하였다. 본 논문은 이와 같은 결과를 통해 현재 많은 문제를 야기하고 있는 간섭문제를 해결할 수 있는 한 방식으로 다중밴드(Multiband) 및 유전 알고리즘 기반 무선 인지 기술을 이용가능하다는 것을 확인할 수 있었다.

참고문헌

[1] 차재상 , 이일규 , 송홍종 , 곽진교 , 곽경섭, "CR-UWB 무선전송 기술의 배경 및 기술 개요," 한국방송공학회 학회지, 제11권, 제1호, pp. 28-39, 2006. 3.

[2] 한학용, 패턴인식 개론, 한빛미디어, 2006.

[3] 윤두영, "UWB 기술 개요 및 주파수 정책 동향," 정보통신정책, 제18권, 제13호, 2006. 7.

[4] M. Gabriella, D. Benedetto, and G. Giancola, *Understanding Ultra Wideband Radio Fundamentals*, Prentice Hall, New Jersey, 2004.

[5] J. G. Proakis, *Digital Communications*, 4th ed., McGraw Hill, New York, 2001.

[6] M. Ghavami, L. B. Michael, and R. Kohno, *Ultra Wideband Signals and Systems in Communication Engineering*, 2nd ed., Wiley, West Sussex, 2007.

[7] K. Ohno, T. Ikebe, and T. Ikegami, "A proposal for an interference mitigation technique facilitating the coexistence of bi-phase uwb and other wideband systems," *Proc. IEEE IWUWBS UWQBST*, pp. 50-54, May 2004.

[8] Fette, *Cognitive Radio Technology*, Newnes, 2006.

[9] T. W. Rondeau, C. J. Rieser, B. Le, and C. W. Bostian, "Cognitive radios with genetic algorithms: Intelligent control of software defined radios," *Proc. SDR Forum Technical Conf.*, pp. C-3 - C-8, Nov. 2004.

[10] 문병로, 유전 알고리즘, 다성출판사, 2001.

[11] C. R. Houck, "A genetic algorithm for function optimization: a matlab implementation," *Gaot ver.5*, http://www.ise.ncsu.edu/mirage/GAToolBox/gaot/, 1996.

[12] A. Batra and J. Balakrishnan, "Design of a multiband OFDM system for realistic UWB channel environments," *IEEE Trans. Microwave Theory Tech.*, vol. 52, no. 9, pp. 2132-2138, Sept. 2004.

– 장홍모, 「펄스 성형을 통한 TH-UWB 시스템 구현과 간섭 회피 제안」, 『한국ITS학회지』, 제6권 3호, 2007년.

3) 참고문헌

(1) 외각주의 참고문헌

외각주의 참고문헌은 결론까지 모든 내용을 끝낸 후 따로 참고문헌란을 마련해서 표기하는데 그 형식은 다음과 같다.

① 참고문헌의 배열

- 종류에 따른 배열 : 단행본, 논문, 신문, 잡지, 사전류의 순으로 배열한다.
- 언어에 따른 배열 : 국문, 동양어, 구미어 논저 순으로 배열한다.
- 성명에 따른 배열 : 국문 및 동양어 논저는 한국식 독음에 따라 가나다 순
  구미어 논저는 알파벳 순으로 배열

② 참고문헌 서지사항 수록 방법

기본적으로 서지사항 수록 방법은 동일하다. 외각주에서 인용면수만 빼면 그대로 참고문헌 서지사항을 수록하는 방법이 된다. 쉽지 않은가? 그럼에도 불구하고 실제로 사용할 때는 늘 방법이 헷갈리는 것이 서지사항 기록이다. 조금만 연습하면 금방 익숙해지니 보고서를 쓸 때마다 제대로 된 방법을 떠올리며 사용해보자.

- 국문, 동양어의 경우
  저자명, 「논문명」, 『책제목』, 역자명, 출판사, 출판연도.
- 구미어의 경우
  저자명, "논문명", 책제목, 역자명, 출판사:출판지, 출판연도.

단, 여기서 구미어의 경우 각주에서는 '이름 성' 순서이지만 참고문헌에서는 '성, 이름'의 순서임을 잊지 말자.

(2) 내각주의 참고문헌

앞에서 언급했듯이 내각주의 형식을 사용할 경우 참고문헌의 서지사항 배열이 조금 달라진다는 점을 기억해야 한다. 그 형태는 다음과 같다.

> 사이토 준이치(2009), 『민주적 공공성』, 윤대석·류수연·윤미란 옮김, 이음.

다시 반복하자. 위와 같이 저자명 바로 뒤에 출판연도가 온다는 사실을 잊지 말자.

제13강 직접 읽어보는 대학보고서

'백문이 불여일견'이라고 했다. 그 어떤 이론을 들어보아도 결국 보고서를 잘 쓰기 위해서는 많이 읽고 많이 쓰는 방법밖에는 없다. 그러나 무작정 많이 읽기만 하면 될까? 이 정보의 홍수 속에서 무조건 읽어대는 것만으로 글을 잘 쓰기를 바란다는 것은 조금 무리가 있다. 매일 쏟아지는 자료는 끝이 없기 때문이다. 결국 제대로 읽고 그것을 글쓰기에 접목해야 하는 것이다.

모든 글을 다 읽을 수 없다면, 어떤 글을 읽어야 하는가? 또한 글은 얼마만큼 읽어야 하는가? 물론 정독을 해서 완벽하게 한 편의 글을 소화하는 것은 대단히 중요하다. 그러나 여러 편의 글을 대략적으로 읽어 정독해야 할 글을 찾아내야 한다면 우리는 먼저 서론을 읽어보아야 한다. 그래서 이번 강의에서는 다른 학생이 쓴 보고서의 서론을 읽고, 그것이 가진 문제점을 분석해보고자 한다.

현재 농산물 전자상거래는 앉은 자리에서 물건을 클릭하여 구입하는 장점이 있지만 이에 비해 소비자가 느끼는 체감가격이 크게 저렴하지는 않다. 또한, 소비자가 먼저 물건 값을 지불하고, 4~5일 후에 물건을 받아보는 방식인데, 이는 소비자에게 불안감을 줄 수 있다. 따라서 신뢰가 바탕이 되지 않는다면 농산물 전자상거래는 정착될 수 없다. 또한 제품의 이상 발생 시 농산물을 신속하게 교환하거나 환불해 줄 수 있는 제도를 실행하는 것도 필요하다. 이와 더불어 소비자의 성숙도 반드시 이루어져야 할 것이다. 이외에 농산물 전자상거래 확립을 위해 보완되어야 할 것은 전문적인 택배업체, 품질 좋은 농산물의 안정적인 수급, 차별화된 친환경농산물 생산, 기능성 농산물과 가공 식품의 지속적인 개발 등이 필요하다.

현재 농산물 전자상거래가 생산자와 소비자를 직접 연결해 주기 때문에 독점력이 존재할 수 없다고 하지만, 오히려 농산물 전자상거래는 그 반대의 상황을 가져올 수도 있다. 즉 전자상거래의 핵심인 보안기술이나, 인프라시설 측면에서 경쟁우위를 가진 대기업이나 농협 등과 같이 지명도 있는 기관과 업체가 고객과의 신뢰성 확보 측면이나 가격경쟁력에서도 우월한 위치에 있을 가능성이 높다. 그리고 이들은 막대한 자본력을 가지고 있어 우수 농산물의 확보부터 택배까지 수직적 통합이 가능하다.

또한, 농산물 전자상거래의 확대가 재래시장의 기능 축소로 이어질 것에 대한 대비도 있어야 한다. 재래시장의 축소는 농민들이나 지역 생산자 조직이 대기업에 물건을 납품하는 중소기업으로 전락함을 의미하는 것이고, 결국 농산물 전자상거래가 대기업의 독점화 강화로 이어져 소비자 역시 그로 인한 피해를 감수하게 될 것이다. 따라서 농산물 전자상거래에서의 대기업의 참여는 단기간에 는 효과를 가져 올 수는 있어도 그 역효과가 만만치 않음을 고려하여 제도적 보완조치가 필요하다.

전자상거래의 방법에 대해서도 다양한 유통경로를 접목시켜 차분히 접근해볼 필요가 있다. 기존 농산물 거래와 마찬가지로 농산물 전자상거래도 우선 생산자와 소비자를 바로 연결하는 데는 한계 가 있다. 따라서 초기단계에는 생산자와 개인소비자, 혹은 생산자와 요식업자 등과 같은 대량거래처 가 서로 연계하여 시작하더라도 일시적이면서 작은 소규모 거래가 아닌 일정 수준 이상의 단위거래 가 정기적으로 이루어지도록 노력하여야 한다. 또한 홈쇼핑 등과 같은 통신판매를 기틀로 해서 전자상거래를 도입하는 것도 한 방법이 될 수 있을 것이다. 가까운 일본 역시 통신판매를 기틀로 해서 전자상거래가 큰 거부감 없이 자연스럽게 생활의 한 부분으로 정착시킬 수 있었다.

농산물 전자상거래를 활성화시키기 위해서는 중간 브로커의 역할이 중요하다고 판단된다. 중간 브로커는 생산자와 소비자의 중계자로서 역할을 충실히 수행해야 한다. 만약 중간 브로커를 중심으 로 한 지역별 혹은 품목별 네트워크가 구축된다면 규모의 경제를 달성할 수 있을 것이다. 이것은 신뢰를 기본으로 하고 있는 중간 브로커의 이해를 바탕으로 단지 상품을 파는 것 못지않게 지역홍보 의 역할도 할 수 있어 상당한 시너지효과를 가져올 수 있을 것이다. 향후 농산물 전자상거래의 방향 중 하나가 중간 브로커를 중심으로 한 통합 몰 서비스차원에서 접근하여야 한다는 견해도 이를 반영한 것이라 여겨진다.

〈학생 글〉

1. 이 글은 무엇에 대해 문제제기하고 있는가?

2. 이 글의 주제는 무엇인가?

3. 이 글의 문제점은 무엇인가?

4. 이 글은 어떤 방식으로 전개될 것인가?

위의 글은 가장 일반적인 형식의 보고서이다. 최근에서 이러한 형태의 보고서와 함께 파워포인트 프로그램을 이용한 프레젠테이션 형식의 보고서도 많이 사용된다. 따라서 그에 따른 예문을 살펴보겠다. 다음은 실제 학생들이 만든 프레젠테이션 자료이다. 이를 보고 평가해보자.

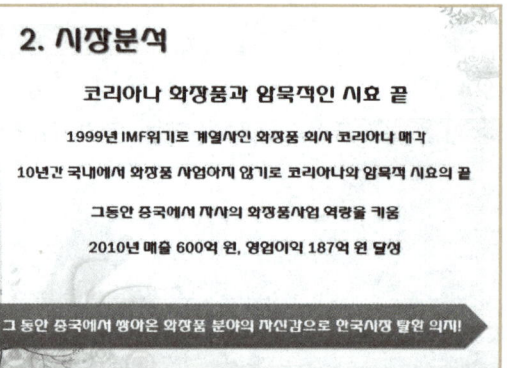

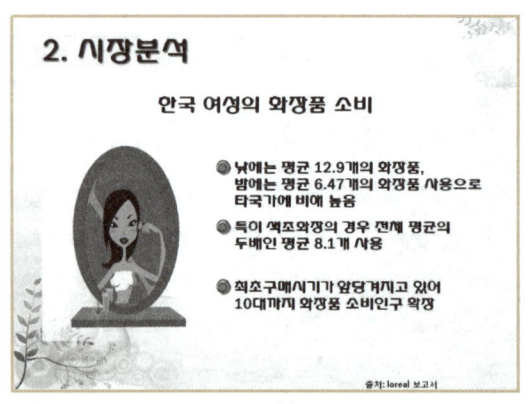
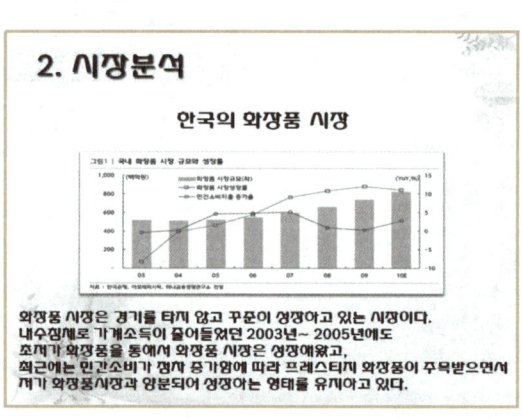

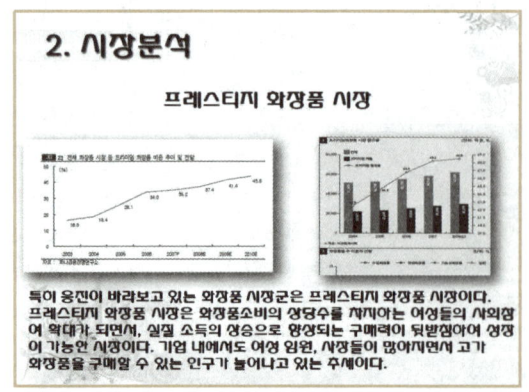

`실습예제` 1. 이 항목에서의 주제는 무엇인가?

`실습예제` 2. 화면 구성은 적절한가, 적절하지 않은가? 그 이유는 무엇인가?

`실습예제` 3. 이 PPT의 정보전달 방식은 글의 종류 중 어디에 속하는가?

`실습예제` 4. 이 자료를 통해 우리가 알 수 있는 정보는 무엇인가?

참고문헌

강미은, 『통하고 싶은가?』, 매일경제신문사, 2004.

과학기술부, 『실천연구윤리』, 2007.

국립국어연구원, 『한국 어문 규정집』, 2001.

국립국어연구원, 『제품 설명서의 문장 실태 연구』, 2003.

권순택, 「밴드왜건효과」, 『동아일보』, 2007년 1월 2일.

김광옥·하주용, 「지상파텔레비전 광고에 나타난 여성의 이미지 : 고정관념수(Stereotype Index)를 이용한 성별 스테레오타입 분석」, 『한국언론학보』51권 2호, 2007.

김대환, 「세계화를 넘어서 : 세계화와 국민경제, 그리고 한국경제」, 『계간 사상』 겨울호, 1998.

김명임, 「여성들을 위한 작은 위로」, 『플랫폼』25호, 2011.

김병원, 『생각의 충돌: 토론 6단 논법』, 자유지성사, 2000.

김복순, 『토론의 방법』, 국학자료원, 2007.

김영만, 「개인 홈페이지를 활용한 국어작문 교육에 대한 연구」, 『국어교육연구』 11집, 2003.

김용석 외 엮음, 『한국의 교양을 읽는다』, 휴머니스트, 2003.

다카다 다카히사, 『제안의 기술 - 회사가 원하는』, 에이지21, 2007.

데일 카네기, 『카네기 스피치 & 커뮤니케이션』, 씨앗을 뿌리는 사람들, 2006.

데일 카네기, 『카네기 인간관계론』, 씨앗을 뿌리는 사람들, 2006.

래리 킹, 『래리킹, 대화의 법칙』, 청년정신, 2001.

배국남, 「TV에 넘쳐나는 성희롱과 성차별」, 『마이데일리』, 2006년 7월 24일.

사이토 준이치, 『민주적 공공성』, 윤대석·류수연·윤미란 옮김, 이음, 2009.

송길원, 『말, 3분이면 세상을 바꾼다』, 랜덤하우스, 2006.

쇼펜하우어, 『논쟁에서 이기는 38가지 방법』, 고려대학교 출판부, 1997.

스티븐 잡스, 「졸업식 연설문」, 스탠포드대학 졸업식, 2005.

신형기 외, 『글쓰기』, 연세대학교 출판부, 2004.

안명철 외, 『글쓰기와 토론』, 인하대학교출판부, 2009.

유정아, 『유정아의 서울대 말하기 강의』, 문학동네, 2009.

이영호, 「하와이 이민과 '인하공과대학'의 설립, 『기록학연구』3, 2001.

이오덕, 『삶을 가꾸는 글쓰기교육』, 한길사, 1984.

이태준, 『문장강화』, 박문출판사, 1947.

이희승·안병희, 『고친판 한글 맞춤법 강의』, 신구문화사, 1994.

임병권, 「재미없는 세상과 재미있는 이야기-문화자본과 구별짓기」, 『인천문화비평』 하반기, 2003.

장홍모, 「펄스 성형을 통한 TH-UWB 시스템 구현과 간섭 회피 제안」, 『한국 ITS학회지』, 제6권 3호, 2007.

전영우, 『토론을 잘 하는 법』, 거름, 2003.

정희모·이재성, 『글쓰기의 전략』, 들녘, 2005.

정희준, 「흑자 올림픽은 없다」, 『경향신문』, 2011년 7월 14일.

차충호, 『대학철학: 글쓰기와 발표 및 토론을 위한 방법론적 접근』, 범한서적주식회사, 2007.

최형용 외, 『발표와 토론』, 박이정, 2009.

코자이 히데노부, 『논쟁기술』, 한스미디어, 2003.

한국어문교재연구실 편, 『문장작법』, 인하대학교출판부, 1997.

한성우, 『경계를 넘는 글쓰기』, 월인, 2006.

한정선, 『프리젠테이션, 하나의 예술』, 김영사, 2005.

후베르트 슐라이허르트(Hubert Schleichert), 『꼴통들과 뚜껑 안 열리고 토론하는 법』, 뿌리와이파리, 2003.

황성근 외, 『분석과 비판의 기초』, 가톨릭대학교출판부, 2007.

「물질 생성의 원리를 풀어 낼 마지막 열쇠 '힉스 입자'를 찾아라」, 『중앙일보』, 2002년 2월 18일.

http://www.chosun.com/economy/news/200502/200502220099.html

http://www.chosun.com/economy/news/200610/200610050115.html

http://www.donga.com/fbin/output?f=b0s&n=200311270050&main=1

http://gall.dcinside.com/list.php?id=root

글을
만드는
여섯 개의
물음표

초판 발행 2012년 2월 22일
4쇄 발행 2019년 4월 10일

지 은 이   김명임 · 류수연
펴 낸 이   박찬익
펴 낸 곳   도서출판 **박이정**

주   소   130-821 서울시 동대문구 천호대로 16가길 4
전   화   (02) 922-1192~3,   팩스 (02) 928-4683
E-mail   pijbook@naver.com
등   록   1991년 3월 12일 제1-1182호
I S B N   978-89-6292-284-4 (03710)